나의 직업

법조인

행복한 직업 찾기
나의 직업 법조인

1판 1쇄 펴낸날 2013년 12월 27일
1판 4쇄 펴낸날 2018년 12월 23일

엮 은 이 | 청소년행복연구실
펴 낸 곳 | 동천출판

등   록 | 2013년 4월 9일 제319-2013-25호
주   소 | 서울특별시 서초구 효령로 60길 15(서초동, 202호)
전화번호 | (02) 588 – 8485
팩   스 | (02) 583 – 8480
전자우편 | dongcheon35@naver.com

값 15,000원
ISBN 979-11-85488-12-7 44370

행복한 직업 찾기 시리즈

나의직업

법조인

Dongcheon
동천출판

CONTENTS

PART1

법률의 세계

■ 1
사회생활과 법률
사회와 사람의 행복 / 8
이해의 충돌과 질서 / 10
재판이란? / 12
인권 보호 / 14

■ 2
법조인과 준법조인
법조인 / 19
준법조인 / 21

■ 3
법원과 검찰청
법원 조직 / 23
검찰청 조직 / 38

■ 4
법률전문회사(로펌) / 50

■ 5
검찰과 경찰
검찰과 경찰의 역할 / 54
검사와 특별사법경찰 / 57

■ 6
법률 시장 개방 / 66

PART2

직업으로서의 법조인

■ 1
판사
직책과 승진 / 74
주요 업무 / 78
법원 이외의 근무처 / 86
보수, 퇴직과 연금 / 97
퇴직 후의 진로 / 104

■ 2
검사
직급과 승진 / 108
하는 일의 성격 / 113
주요 부서와 업무 / 123
보수, 퇴직과 연금 / 128
퇴직 후의 진로 / 132

■ 3
변호사
활동 형태 / 134
주요 업무 / 143
변호사 전문분야 등록제 / 147
변호사의 의무와 징계 / 148
보수 / 150

PART3

군법무관

- **1**
  군사법제도
  군사법제도의 의의 / 154
  군사법원 / 155
  군검찰관 / 158
- **2**
  군법무관 임용
  단기 법무관 / 161
  장기 법무관 / 162
- **3**
  군법무관의 주요 업무
  법무관 / 163
  검찰관 / 166
  군사법경찰과 군검찰관 / 167
- **4**
  군법무관 보수 / 168
- **5**
  퇴직과 연금 / 170
- **6**
  퇴직 후의 진로 / 171

PART4

법조인이 되는 과정

- **1**
  법학전문대학원(로스쿨)
  입학 / 176
  교육과정 / 178
  변호사 시험 / 182
  실습 / 185
- **2**
  외국의 법조인 양성 과정
  미국 / 188
  일본 / 189
  프랑스 / 191
  독일 / 192

PART 1

법률의 세계

사회 속에서 질서라는 것이 만들어지게 되었다. 그리고, 질서를 유지하고 사회의 붕괴를 막아 사람들의 행복한 생활을 보장하기 위한 최후의 방법으로 물리적 강제력을 동원하여 질서를 어기는 사람들을 처벌하는 규칙을 만들었다. 바로 '법(法)'인 것이다. 법은 어기면 처벌을 받는다. 하지만 똑같은 사회질서이지만 도덕은 어겨도 처벌 받지 않는다. 이 점이 도덕과 법이 다른 점이다. 그러나 도덕사회에서는 도덕도 법 못지않은 심리적 압박을 사회질서 위반자에게 줄 수 있다.

1

사회생활과 법률
사회와 사람의 행복 ···································· 8
이해의 충돌과 질서 ································ 10
재판이란? ·· 12
인권 보호 ·· 14

2

법조인과 준법조인
법조인 ·· 19
준법조인 ·· 21

3

법원과 검찰청
법원 조직 ·· 23
검찰청 조직 ·· 38

4

법률전문회사(로펌) ···················· 50

5

검찰과 경찰
검찰과 경찰의 역할 ······························ 54
검사와 특별사법경찰 ···························· 57

6

법률 시장 개방 ························ 66

1 사회생활과 법률

사회와 사람의 행복

> 사회는 모든 사람들의 행복한 생활 터전

　사람은 '만물의 영장'이라고 하지만 사실 사자보다 약하고 원숭이보다 날렵하지도 못하다. 추위도 잘 견디지 못하지만 더위도 잘 견디지 못한다. 자연 상태에서 볼 때 자랑할 만한 것이 별로 없는 힘없는 존재일 뿐이다.

　그러나 사람은 생각할 줄 알고, 목적을 위하여 협력할 줄 아는 유일한 생명체이기도 하다. 비록 힘은 약하지만 도구를 사용하며

서로 협력하여 맹수를 물리치기도 하고 함께 노력하여 먹을 음식을 장만하기도 한다. 혼자보다는 서로 힘을 합치면 더 좋은 생활을 할 수 있다는 것을 아는 것이다.

사람은 이렇게 생각하는 힘과 서로의 협력을 통하여 오늘날 만물을 지배하는 자리에 까지 올라오게 되었다. 바로 사회를 만들 수 있었기에 사람들은 보다 안전하고 행복한 생활을 할 수 있었던 것이다. 사회 속에서는 서로 돕고 서로 보호하기 때문에 힘들고 병든 사람들도 잘 살아갈 수 있게 된 것이다. 그래서 사람을 두고 '인간은 사회적 동물이다'라고 말한다. 그만큼 사회는 우리 인간의 생활과 불가분의 관계에 있다.

인간은 사회 속에서 태어나고 사회 속에서 성장하며 사회 속에서 자신의 꿈과 이상을 실현해 나간다. 그 결과 우리 인간은 보다 발전된 문화를 창조하게 되었고 문화 속에서 행복한 생활을 누릴 수 있게 되었다.

옛날에는 맹수들의 위협, 굶주림, 질병, 추위 등등으로부터 목숨을 보존하기에 바빴지만 오늘날에는 건강하고 행복한 생활, 즉 웰빙(Well-being)을 꿈꾸는 시대를 살아가고 있다. 우리 인간이 이러한 생활을 할 수 있는 것은 바로 사회를 구성하는 지혜를 가지고 있었기 때문이다.

이해의 충돌과 질서

질서 : 사람의 다양한 욕망에 대한 효율적인 정리 방법

사회를 구성하는 사람에게는 생각하는 힘만 있는 것이 아니고 동물적인 본능에서 나오는 욕망도 있다. 그래서 사회 속에는 항상 착하고 올바른 사람만 있는 것이 아니고 포악하고 잘못된 욕심 많은 사람들도 있게 마련이다. 그러다보니 서로의 욕심이나 이해관계가 충돌하는 경우가 생길 수 있게 된다. 이러한 경우 서로 힘으로 싸워서 이기는 사람이 자기 멋대로 한다면 힘없는 사람들은 사회 속에서도 살기가 어려워 질 것이다. 그러면 사회 속에 있으나 혼자 있으나 마찬가지이기 때문에 굳이 사회 속에서 살려고 하지 않게 되고 그러다 보면 결국 모든 사람들이 뿔뿔이 흩어져 사회는 없어지게 된다. 그러한 상태에서 아무리 강한 사람이라 하더라도 혼

자서는 맹수를 이길 수 없으며 추위와 배고픔을 견디어 낼 수 없게 된다. 결국 자신도 피해자가 되는 것이다. 우리 인류의 역사가 이를 증명하였다.

그래서 서로 충돌이 일어날 경우에 힘으로 해결하는 것이 아니고 규칙을 세워 해결하는 것이 서로에게 좋다는 것을 알게 되었고 그 결과 사회 속에서의 질서라는 것이 만들어지게 되었고 모든 사람들의 관심사가 되었다.

이 질서라는 것이 바로 우리가 잘 아는 도덕이나, 법이다. 그런데 사람의 욕심은 생각처럼 쉽게 참을 수 있는 것이 아니다. 자신도 모르게, 혹은 도저히 참을 수 없어서 사회의 질서를 지키지 않는 경우가 생기게 된다. 이러한 경우 그냥 두면 결국에는 힘 있는 자들이 이 핑계 저 핑계 대면서 힘없는 사람들을 괴롭히는 어두운 세상이 될 것이다. 어두운 세상은 위에서 말한 바와 같이 사회 붕괴로 이어지기에 이를 사전에 막아야 모든 사람이 살 수가 있다.

그래서, 질서를 유지하고 사회의 붕괴를 막아 사람들의 행복한 생활을 보장하기 위한 최후의 방법으로 물리적 강제력을 동원하여 질서를 어기는 사람들을 처벌하는 규칙을 만들었다. 바로 '법 (法)'인 것이다.

법은 어기면 처벌을 받는다. 하지만 똑같은 사회질서이지만 도덕은 어겨도 처벌 받지 않는다. 이 점이 도덕과 법이 다른 점이다.

그러나 도덕사회에서는 도덕도 법 못지않은 심리적 압박을 사회질서 위반자에게 줄 수 있다.

재판이란?

사람들의 욕심에 대한 국가의 판단

　　사람들 상호간에 이해관계가 충돌하거나 또는 사회 질서를 해친 경우에 누가 과연 올바른가를, 또는 정말 사회 질서를 해쳤는가? 해쳤다면 어느 정도로 해쳤는가를 판단해야 할 필요가 생긴다. 그리고 그 판단은 누가 봐도 공정해야 한다.

　　재판이라는 것은 바로 이러한 공정(公正)하고 합리(合理)적인 판단을 내리는 것을 말한다.

　　옛날에는 이 판단을 족장이나 왕과 같은 한 개인에게 맡겼으나 문화가 발전하면서 국가의 관리들이 맡아서 하게 되었다. 그러나, 아무리 현명하고 지혜로운 사람이라 하더라도 개인이 지니고 있는 성향이나 가치를 떠나 공평한 재판을 한다는 것이 쉽지가 않다. 그래서 인류의 문화가 발전함에 따라 재판은 점점 개인이 아닌 전문기관이 맡아서 하게 되었고 오늘날과 같은 법원이 탄생하게 되었다.

　　그 결과 재판에 의하여 억울한 사람들이 줄어들게 되었고 힘

없는 사회적 약자들도 행복한 사회생활을 누릴 수 있게 되었다. 이는 오로지 사회의 존립을 위해 존재하는 법의 기본적 취지를 법원이 잘 지키기 때문에 가능한 것이다.

그래서 모든 선진국에서는 법원의 독립성을 법으로 보장하여 어떠한 사회적 힘도 재판을 강제로 조작하지 못하도록 하고 있다. 재판은 사회를 지키는 최후의 수단이기 때문이다. 재판이 조작된다면 바로 사회가 존립의 의미를 상실하게 되고 그 결과 사회가 붕괴되면 모든 사람이 불행해지기에 어떠한 경우에도 법원이외의 기관이나 사람도 재판에는 간여하지 못하게 하고 있는 것이다.

이러한 재판은 개인끼리의 이해관계 충돌에 대하여 판단하는 민사 재판과 사회의 존립을 해치려는 자와 사회를 지키고 보호하려는 국가의 충돌에 대하여 판단하는 형사 재판으로 크게 나뉘어진다.

민사 재판은 어떤 사람이 억울하다고 그 판단을 법원에 요구할 때에만 개최되며 재판의 결과는 강제성을 가지게 된다. 하지만 형사 재판은 사람들의 신고나 요청이 없더라도 일단 법을 어기면 법을 어긴 사람이 누구든지 상관없이 바로 붙잡아 조사하고 재판하여 처벌한다. 이때 법을 어긴 사람을 붙잡아 조사하는 기관을 경찰이나 검찰이라 하며, 재판하는 기관을 법원이라고 한다. 그리고 법원의 재판에 관여하는 사람들을 우리는 통상적으로 법조인이라 부른다.

경찰이나 검찰은 국가를 대표하여 국가나 사회의 질서를 무너뜨리려는 자들을 체포하고 처벌하여 국가 사회의 질서와 가치를 보호하고 유지하려는 기관으로서 원칙적으로 민사 재판에는 관여하지 않는다.

인권 보호

인권 보호란 인간으로서의 존엄성이 어떠한 경우에도 지켜져야 한다는 이념으로 민주사회의 기본적 가치가 되어 있다. 특히 국가라는 거대한 조직 앞에서 개인은 무력하기 짝이 없어 자칫 인권이 침해당할 우려가 있다. 그래서 현대 사회에서는 국가 권력이나 거대 사회조직에 의한 개인의 인권 침해를 법적으로 보호하는 제도적 장치를 만들어 놓고 있다.

특히 국가나 사회의 기본질서를 침해하여 일어나는 형사 사건에 있어서 피의자를 대상으로 수사하는 과정에 자칫 잘못하면 국가 권력에 의한 인권 침해 사건이 발생할 수도 있다.

그래서 실수에 의해서도 인권 침해가 있어서는 안 된다고 생각하여 다음과 같은 제도를 만들어 인권을 보호하고 있다. 이 역시 법률로 규정되며 법을 다루고 집행하는 기관에 의해 보장된다.

■ **3심제도**

재판은 한 번에 끝나는 것이 아니고 판결이 억울하다고 생각이 들 경우에 3번까지 재판을 받을 수 있도록 하여 재판관의 실수나 기타 사유로 인한 개인의 권리 침해를 최대한 보호하고 있다. 그런데 항소나 상고는 재판 당사자인 민간인이나 기관, 또는 검사 모두가 신청할 수 있다.

 용어 설명

■ **항소**
1차 재판에 불만이 있어 2차 재판을 신청하는 것. 보통 지방법원 합의부나 고등법원에 신청함.

■ **상고**
2차 재판에도 불만이 있어 대법원에 다시 판결을 요청하는 것.

■ **국선변호인**

피의자(범인으로 의심받아 조사를 받고 있는 사람)가 구속되었거나 나이가 70세 이상, 미성년자, 심신장애 또는 농아자, 3년 이상 징역이나 금고 이상에 해당하는 무거운 죄를 저질렀을 때 피의자의 변호인이 없다면 법원이 변호인을 선정하도록 하는데 이 때 선정되는 변호인을 국선변호인이라 한다.

국선변호인은 일반적으로 법원에서 선정하지만 경우에 따라서는 검사가 선정하기도 한다.

■ **국민참여재판**

2008년 1월 1일부터 '국민의 형사재판 참여에 관한 법률'에 의해 국민들이 배심원으로 재판에 참여하는 새로운 형사재판제도가 마련되었다. 이러한 국민참여재판제도는 배심원이 된 국민이 법정 공방을 지켜본 후 피고인의 유·무죄에 관한 평결을 내리고 적당한 형을 토의하면 재판부가 이를 참고하여 판결을 선고하는 것이다.

법조인이 아닌 일반인이 재판에 참여하는 방식은 다음과 같다. 첫째는 일반 국민으로 구성된 배심원이 재판에 참여하여 법정 내의 법관으로부터 독립하여 유·무죄의 판단에 해당되는 평결을 내리고 법관이 그 평결을 따르는 제도로 미국과 영국에서 시행되고 있다. 이와 달리 두 번째 방식은 일반 국민들이 재판부의 일원으로 참여하여 직업법관과 동등한 권한을 가지고 사실문제와 법률문제를 판단하는 것으로 독일, 프랑스에서 시행되고 있다.

우리나라의 국민참여재판제도는 위의 두 가지 방식을 절충하여 우리의 현실에 맞게 수정한 독특한 제도인데 살인, 강도 등과 같은 죄가 무거운 흉악범을 다루는 재판만을 대상으로 하며 만 20세 이상 대한민국 국민이면 누구나 배심원이 될 수 있다. 특별한 자격은 필요하지 않으나, 배심원은 재판이라는 국가의 일을 수행하여야 하므로 일정한 범죄를 지은 적이 있으면 배심원이 될 수 없다. 그리고 우리나라 국민참여재판제도는 외국과 달리 법관의 판결을 구속하지 않으며 단지 법관이 판결을 내리는데 참고하도록 하고 있다. 그러나 실제에 있어서는 배심원들의 판결을 법관이 존중하여 따르는 경우가 대부분이다.

 마을변호사

마을변호사 정책은 변호사 사무실이 단 한곳도 없는 마을의 주민들에게 무료로 법률 상담을 해 주는 제도이다. 마을 변호사는 마을에 상주하지는 않지만 전화나 인터넷 등을 통해 일상생활에서 발생하는 주민들의 법률문제를 1대 1로 상담하고 필요한 법적 절차를 안내한다. 상담을 통해 법률구조가 필요하다고 판단되면 법률구조공단에 안내해 신속한 법률구조가 이뤄질 수 있도록 지원하는 역할도 한다. 250개 배정지역에 변호사 413명이 마을변호사로 일하고 있다.

2 법조인과 준법조인

법을 다루는 관청을 법조(法曹)라고 하는데 법조인은 이러한 관청과 관계되는 일을 하는 사람을 통틀어서 말한다. 그래서 외국에서는 법조인을 우리나라보다 넓은 의미로 사용하여 법률과 관계되는 일을 하는 모든 직업인을 뜻하기도 한다. 우리나라의 공인중개사, 세무사, 노무사 등의 일을 하는 사람도 법조인에 포함시키기도 하며 법조인들이 이런 일을 하기도 한다. 이 경우에는 법조인이라는 말 보다는 차라리 법률가라는 말이 더 잘 어울릴 수가 있다. 사실 영어로 변호사를 뜻하는 lawyer는 이러한 의미를 담고 있으며 우리나라 변호사보다 활동 영역이 훨씬 넓다.

　그러나 우리나라에서는 법정에서 이루어지는 재판 업무에 종
사하는 직업인만을 법조인이라고 부른다. 즉 재판에 참여하는 3가
지 직업가인 판사, 검사, 변호사를 말한다. 그리고 재판에는 관여하
지 않지만 법률적인 문제를 처리하고 서류를 작성하는 일에 종사
하는 직업인을 우리나라에서는 준법조인이라고 하는데 경우에 따
라서는 법조인이 준법조인을 겸하는 경우도 있다.

법조인

　법조인은 일반적으로 재판에 종사하는 직업인으로서 특히 판
사, 검사, 변호사 등을 말한다. 그래서 이를 통틀어 법조삼륜이라

한다.

우리나라의 전통적인 재판 제도에서는 왕이나 국가의 권력으로부터 독립된 사법권이 없었다. 현재처럼 입법부, 행정부, 사법부로 나뉘어지기 전까지는 왕이 파견한 관리가 국가 권력의 3권을 모두 쥐고 재판은 물론 처벌까지 독자적으로 하였다. 그러나 이러한 전통적인 제도는 1890년대에 와서 근대적 의미의 재판제도로 변화하게 되었으며 완전한 사법권의 독립은 광복 후에 비로소 가능해졌다. 이러한 재판제도의 확립과 더불어 우리 국민의 권리도 보다 확실하게 보장받기에 이르렀다.

■ 판사

판사는 대법원을 제외한 각급 법원에서 재판이나 재판과 관련된 일을 하는 법관을 말한다. 판사는 대법관 회의의 동의를 얻어 대법원장이 임명하게 된다.

■ 검사

검사는 국가의 질서나 국민의 안녕 등 공공의 이익을 대표하는 사람으로 범죄를 수사하고 소송을 제기하는 등의 일을 하는 검찰관을 말한다. 그래서 검사는 사법경찰이나 특별사법경찰(경찰은 아니지만 경찰과 같은 업무를 수행하는 철도공안, 산림공무원, 세관원 등등을 말함)을 지휘하여 공소에 필요한 증거 자료를 모아 법원에 범죄인을 처벌해 줄 것을 요청하며 동시에 재판 결과를 집행한다.

■ **변호사**

변호사는 법률에 규정된 변호사 자격을 가지고 소송 당사자나 관계인의 의뢰 또는 법원의 명령에 따라 소송과 관련한 문서를 작성하고 재판에서 피고나 원고를 변론하며 그 밖의 법률과 관련한 일들을 처리하는 법률전문가를 말한다.

준법조인

준법조인이란 판사와 검사, 변호사 이외에 특정 법률과 관련된 일을 직업으로 가진 사람들을 말한다. 특허, 실용신안, 의장 및 상표 따위에 관한 사무를 대리 또는 감정하는 일을 하는 변리사, 통관 절차를 대신해 주거나 관세법상의 쟁의, 소송 따위를 대신해 주는 직업인 관세사가 있으며 그 외에도 세무사법에서 규정한 자격을 가지고, 납세 의무자의 부탁을 받아 세금 업무에 관한 일을 대신

조선시대와 법무

조선시대 때에는 거래 · 소송을 모두 문서를 작성하여 행하였으며, 그 문서의 형식이 상당히 복잡하여 소송하려는 사람들은 관사 주변에서 소송을 대신 해주고 교묘하게 소송당한 사람을 모함하여 벌 받게 하는 것을 직업으로 삼은 사람들을 고용하는 일이 있었다. 성종이 이를 금지하였으나 1903년 5월에 편찬, 공포된 ≪형법대전≫에 의해 그 금지가 완화되어 사실대로 소송을 할 수 있게끔 곁에서 도와주고 소장을 작성하는 일이 가능하게 되자 이를 직업으로 삼는 사람들이 생겨났다.

처리하여 주거나 상담하는 일을 직업으로 하는 세무사와 타인의 위촉에 의하여 보수를 받고 법원이나 등기소, 검찰청 등에 제출하는 서류를 작성해주는 법무사, 노동자의 권익을 보호하고 노동자의 인권 침해에 대한 심판을 청구하며 기업의 노무관리진단과 인사노무관리를 컨설팅해주는 공인노무사 등을 우리는 준법조인이라고 한다.

3 법원과 검찰청

법원 조직

법원은 법률을 적용하는 사법권을 행사하는 국가 기관으로 국회에서 만든 법률의 뜻을 풀이하고, 소송 사건에 대하여 법률적 판단을 하는 권한을 가진다. 헌법에 따라 법원은 원칙적으로 모든 법적 분쟁을 심판한다. 다만, 예외적으로 헌법재판소가 헌법 분쟁 중 일부를, 국회가 국회의원에 대한 자격심사와 징계처분을 담당하고 있다.

또한 법원은 분쟁에 대한 심판 권한 이외에 부동산 및 동산·채권 담보등기, 가족관계등록, 공탁, 집행관 및 법무사에 관한 사무를 관장 또는 감독하는 권한을 가지고 있다.

이러한 법원은 일반법원과 전문법원으로 나누어지는데 일반법원에는 대법원, 고등법원, 지방법원, 지방법원지원 또는 시·군법원 등이 있고, 전문법원에는 특허법원, 행정법원, 가정법원 및 가정법원지원 등이 있다.

1 일반법원

▣ **대법원**

대법원은 최고의 법원으로 대법원장을 포함하여 14인의 대법관으로 구성되는데 임기는 6년이며 대법원장은 두 번 할 수 없다. 그러나 대법관은 연임할 수 있다. 대법원장이 대법관 중에서 임명한 법원행정처장은 재판에 관여하지 않는다.

대법원은 고등법원, 특허법원, 지방법원 또는 가정법원 의 민

사 · 형사 · 행정 · 특허 및 가사사건 판결에 대한 상고사건과 결정 · 명령에 대한 재항고사건을 마지막으로 심판하고, 특별한 경우 지방법원의 제1심 판결에 대한 비상상고 사건도 재판한다.

또한, 대법원은 '해양사고의 조사 및 심판에 관한 법률'에 따른 중앙해양안전심판원의 재결에 대한 소송, 대통령 및 국회의원 선거 및 당선의 효력에 관한 소송에 관해서 전속관할권을 가진다. 명령 · 규칙 · 처분 또는 행정기관의 조치가 헌법이나 법률에 위반되는지는 대법원에 최종적인 심사권한이 있다.

대법원의 심판권은 전원합의체와 대법관 3인 이상으로 구성된 부(部)에서 행사한다. 전원합의체는 대법원장이 재판장이 되고, 대법관 전원의 3분의 2 이상으로 구성되며 출석 대법관 과반수의 의견에 따라 재판한다. 부는 민사부 · 형사부 외에 행정조세부 · 노동부 · 군사부 · 특허부 등이 있는데 부의 구성원인 대법관 전원의 의견일치에 따라 재판한다.

대법원에 상고되는 사건은 주로 부에서 심판하지만 부에서 의견이 일치되지 못한 경우 및 다음에 해당하는 경우에는 전원합의

 전속관할권

재판의 타당성과 효율적인 법 적용을 위하여 특정 사건에 대해서 특정법원만이 재판할 수 있도록 한 제도

전원합의체

대법관 3/2 이상이 참여하여 심판권을 행사하는 재판

체에서 재판한다.

법원조직법 제7조
- 명령 · 규칙이 헌법 또는 법률에 위반된다고 인정하는 경우
- 종전에 대법원에서 판시한 헌법 · 법률 · 명령 또는 규칙의 해석적용에 관한 의견을 변경할 필요가 있다고 인정하는 경우
- 부에서 재판함이 적당하지 않다고 인정하는 경우

대법원에는 사법행정상 최고의결기관으로 대법관회의가 있다. 대법관회의는 대법관으로 구성되며, 대법원장이 의장이 된다. 대법관회의는 대법관 전원의 3분의 2 이상 출석과 출석인원 과반수의 찬성으로 의결한다.

대법관회의에서는 판사의 임명 및 연임에 대한 동의, 대법원규칙의 제정과 개정 등에 관한 사항, 판례의 수집 · 간행에 관한 사항, 예산요구 · 예비금지출과 결산에 관한 사항, 특히 중요하다고 인정되어 대법원장이 논의가 필요하다고 제안한 사항 등을 의결한

다.

대법원에는 대법원장과 대법관 이외에 '재판연구관'이라고 불리는 법관들이 있는데 이들은 재판에 참여하는 것이 아니고 대법원장의 명령을 받아 재판과 관련한 조사와 연구를 한다.

대법원에는 사법행정에 관한 일을 하기 위하여 '법원행정처'를 두어 법원의 인사 · 예산 · 회계 · 시설 · 통계 · 송무 · 등기 · 가족관계등록 · 공탁 · 집행관 · 법무사 · 법령조사 및 사법제도연구에 관한 일들을 한다.

또한 판사의 연수와 사법연수생의 교육에 관한 일을 하는 '사법연수원'을 두며 법원직원 · 집행관등의 연수 및 양성에 관한 일을 하는 '법원공무원교육원'을 대법원에 두고 있다.

동시에 재판사무의 지원 및 법률문화의 창달을 위한 판례 · 법령 · 문헌 · 사료 등 정보를 조사 · 수집 · 편찬하고 이를 관리 · 제공하는 '법원도서관'이 있고 2014년부터는 사법제도 및 재판제도의 개선에 관한 연구를 하기 위하여 대법원에 '사법정책연구원'을 설립했다.

2 **고등법원**

고등법원은 대법원과 지방법원의 중간 단계에 위치하는 2심 법원으로 서울, 부산, 대구, 광주, 대전 등 5개 주요 도시에 설치되어 있으며 이 지역에 살지 않는 재판 당사자의 편의를 위해 춘천, 청주, 창원, 전주 및 제주 등지에 '고등법원 원외재판부'를 설치하여 운영하고 있다.

고등법원은 지방법원 합의부와 가정법원 합의부 또는 행정법원 제1심의 판결·결정·명령에 대한 항소 또는 항고사건을 심판한다. 또한 지방법원단독판사·가정법원단독판사의 제1심 판결·심판·결정·명령에 대한 항소 또는 항고사건으로서 형사사건을 제외한 사건중 대법원규칙으로 정하는 사건에 대한 심판과 행정소송법에 의한 행정소송사건과 지방의회의원선거법과 지방자치단체장선거법에 의한 지방선거소송사건도 고등법원에서 다룬다.

* 국회의원과 대통령의 선거에 관한 소송사건은 대법원에서 다룬다.

고등법원의 재판은 판사 3인의 합의체로 이루어진다. 1심법원인 지방법원 단계에서 심판한 사건에 대해 당사자가 부당하거나 억울하다고 생각한 경우에 같은 사건에 대하여 두 번째로 재판하는 경우로 보다 신중하고 세밀한 판단이 필요하기 때문이다. 그렇게 함으로써 첫 번째 재판에서 잘못되거나 누락된 사실을 밝혀 공명정대한 심판을 통해 판결을 바로잡아 억울한 시민이 없도록 하기 위한 제도적 노력이라 하겠다. 이와 더불어 고등법원 판사는 재

판의 전문성과 효율성을 높이기 위하여 지방법원 판사 임용과는 별도로 상당한 법조 경력을 지닌 사람 중에서 지원을 받아 법관인 사위원회의 심의와 대법관회의의 동의를 거쳐 임용한다. 이렇게 임용된 고등법원 판사는 특별한 사정이 없는 한 계속 고등법원에서 근무하며 지방법원이나 가정법원으로 전보되지 않는다.

　　이처럼 고등법원 판사를 지방법원 판사와는 다른 임용 절차에 따라 별도로 임용하는 것은 고등법원 판사의 업무 능력과 전문성을 높여 항소심 재판에 더욱 충실하게 하려함이다.

3 지방법원

지방법원은 처음 재판을 담당하는 1심재판 기관인데 산하에 지방법원 지원이나 시·군법원을 두어 시민들의 편의를 도모하고 있다. 이때 지원이나 시·군법원은 지방법원과 동급으로 재판하는 것이 아니고 중요하지 않은 사건에 대해서만 재판을 한다. 1심재판 중에서 중요한 사건은 지방법원에서도 판사 단독으로 심판하지 않고 3명으로 구성된 합의부에서 재판한다.

지방법원 합의부는 중요한 사건에 대해서는 1심재판 기관으로 심판업무를 수행하지만 경우에 따라서는 지방법원이나 지원에서 판사 단독으로 재판한 사건의 2심을 맡아 재판(항소부)하기도 한다.

2017년, 현재 전국에는 18개의 지방법원이 있다. 지방법원에는 행정사무를 관장하는 사무국을 두며 지방법원의 관할구역 내에 지원과 시·군법원 등을 둘 수 있다. 현재 전국에 40개의 지원이 있는 실정이다.

지방법원 및 그 지원은 기본적으로 민사 및 형사사건을 제1심으로 재판한다. 제1심 재판은 원칙적으로 단독판사가 심판하지만, 특히 중요하다고 법률이 정하고 있는 사건은 합의부가 심판한다.

시·군법원은 경미한 사건에 대하여만 제1심 관할권을 가진다. 현재 전국에 100개의 시·군 법원이 있으며 시·군법원이 관할하는 사건은 소송액수가 2천만원을 초과하지 않는 소액사건, 20만원 이하의 벌금 또는 구류나 과료에 처할 범죄사건 등이다.

지방법원 합의부에서 1심재판을 하는 경우

1. 민사사건

   소송 사건의 액수가 1억 원을 초과하는 사건 및 그 가격을 산출할 수 없는
   사건. 단, 수표금, 약속어음금청구 사건과 금융기관의 대여금청구 사건 등은
   소가에 관계없이 단독판사가 재판함

2. 형사사건

   사형 · 무기 또는 단기 1년 이상의 징역 또는 금고에 해당하는 사건. 단, 수표
   위조, 상습폭력, 상습절도 등 사건은 단독판사가 재판함

② 전문법원

전문법원은 특정 사건과 관련하여 심판권을 행사하는 법원을
말하는데 특허법원, 가정법원, 행정법원 등이 있다. 이중 특허법원
은 고등법원, 가정법원과 행정법원은 지방법원과 동급의 법원이다.

가정법원 역시 사무의 일부를 처리하기 위하여 관할구역 안에
지원을 둘 수 있으며 경우에 따라서는 지방법원과 공동으로 지원
을 설치 운영하기도 한다.

특허법원

특허법원은 특허권, 실용신안권, 디자인권, 상표권 등 산업재산권을 둘러싼 분쟁을 해결해주는 전문법원인데 현재 전국적으로 대전에 1개뿐이다. 특허법원이 설립되기 이전에 특허 등과 관련한 분쟁은 먼저 특허청에서 1단계와 2단계 행정심판을 거친 후 그 판결에 불만이 있는 경우에 한하여, 바로 대법원에 상고하도록 되어 있었다. 그러나 사법제도개혁 일환 중 하나로, 1998년 고등법원과 동급인 특허법원이 세워져 산업재산권 침해와 관련한 소송을 전담하고 있다.

 산업재산권의 종류

특허 · 실용신안 · 디자인 · 상표

특허법원은 다음 두 가지의 경우에 심판권을 행사하는데 하나는 특허심판원의 결정에 불만이나 억울함이 있다고 생각할 경우에 특허법원에 소송을 제기할 수 있고, 또 하나는 산업재산권이 다른 사람에 의하여 침해를 받았을 경우에 특허심판원의 결정 없이 바로 특허법원에 소송을 제기하여 권리를 보호받을 수 있다.

두 경우 모두 특허법원에 재판을 의뢰하고 그 결과에 따라 분쟁을 해결하지만 여기에서도 해결되지 않을 경우에는 대법원에 다시 재판을 의뢰할 수 있다. 따라서, 산업재산권과 관련한 재판은 예외적으로 2심제가 적용된다고 하겠다.

그러나 산업재산권(특허 · 실용신안 · 디자인 · 상표)의 발생 · 변경 · 소멸 및 그 효력범위에 관한 분쟁은 기술적 분야의 전문적인 지식이 필요하기 때문에 특허청 소속의 특허심판원에서 독립적인 심판관 3인 또는 5인 합의체로 심판하는데 이는 법원에서 재판하는 것과 달라서 판결이라 하지 않고 심의결정이라고 한다. 이러한 심의결정을 먼저 받고나서 이의가 있을 때 특허법원에 소송을 제기하니까 결국 실질적인 면에서 보면 산업재산권 소송 역시 3심제라 할 수 있다.

그리고 특허법원에는 산업재산권과 관련된 공부를 한 기술심리관을 전문기술 분야별로 배치하여 특허, 실용신안, 디자인, 상표 사건의 전문기술적인 사항에 관해 재판부의 이해와 판단을 보조하도록 하고 있다.

기술심리관 제도

기술심리관이라고 부르는데 모두 4급 또는 5급 공무원들이다. 이들은 특허법원
에 근무하면서 특허, 실용신안, 디자인 등과 관계되는 소송의 심리에 참여하여
기술적인 사항에 관하여 소송관계인에게 질문을 하고 재판에 있어 의견을 진술
하는 일을 한다.

1. 기술심리관

재판에 있어서 법관의 기술 분야에 대한 전문성을 보좌하기 위하여 기술심리
관을 두고 있는데 처음 특허법원이 설립되었을 때부터 1999. 12. 31.까지는
과학 · 기술을 전공하고 특허청에서 장기간 심사관으로 근무한 경력을 가진
특허청 소속 공무원이 법원에 파견되어 근무하였다. 그러나, 2000. 1. 1.부
터는 대법원장이 기술심리관을 법원공무원으로 임명하여 근무하게 하고 있
다.

2. 임용 자격

- 특허청에서 5년 이상 심사관 또는 심판관으로 종사한 자
- 7년 이상 일반직 국가공무원으로 산업기술 또는 과학기술에 관한 사무
  에 종사한 자로서 5년 이상 5급 이상의 직에 있던 자
- 과학기술에 관한 분야에서 석사학위를 취득하고 해당 분야의 사무 또는
  연구에 10년 이상 종사한 자
- 과학기술에 관한 분야에서 박사학위를 취득한 자
- 국가기술자격법에 의한 기술사 자격을 취득한 자
- 변호사 또는 변리사로서 과학기술에 관한 분야에서 학사학위를 취득한 자

3. 하는 일

■ 재판장의 명을 받아 사건의 기술적 · 전문적 사항에 관하여 법원의 수시 자문에 응하는 일

■ 재판장의 명을 받아 소송 기록을 검토하여 기술적 사항에 관련된 증거 판단, 사실 문제에 관한 조사 · 검토, 관련 전문지식 등에 관한 의견서를 법원에 제출하거나 연구 결과 또는 의견을 구두로 보고하는 일

■ 변론 또는 준비 절차에서 재판장 또는 수명 법관의 허가를 얻어 기술적 인 사항에 관하여 소송관계인에게 질문을 하는 일(다만, 상표에 관한 사 건에 관하여는 그러하지 아니하다)

■ 재판장의 허가를 얻어 합의 과정에서 사건의 기술적 사항에 관하여 의견 을 진술하는 일(다만, 상표에 관한 사건에 관하여는 그러하지 아니하다)

② 가정법원

가족 또는 친족 사이의 분쟁 사건이나 그 밖의 가정에 관한 사 건을 의미하는 가사사건과 소년보호사건 등을 전문적으로 처리하 기 위하여 1963년에 가정법원이 설치되었다. 가정법원은 지방법원 과 동급 법원으로서 서울, 부산에만 설치되어 있었으나 2012년에 대전, 대구, 광주가정지원이 가정법원으로 승격되었고, 산하에 16 개 지원도 함께 세워졌다. 가정법원 또는 가정법원의 지원이 설치 되지 않은 지역에서는 지방법원 또는 지방법원의 지원이 그 역할 을 하게 된다. 가정법원은 가사 및 소년보호사건 이외에도 1998년 부터 '가정폭력범죄의 처벌 등에 관한 특례법' 시행과 더불어 가정

폭력사건에 대한 심판권도 가지게 되었다.

또한, 2011년 10월부터는 가정폭력 피해자가 가정법원에 폭력을 행한 사람을 격리시켜줄 것을 직접 청구할 수 있는 피해자보호명령이 도입됨에 따라 가정법원이 이에 대한 심판권을 가지게 되었다. 가사사건은 법관 3인으로 구성된 합의부 또는 단독판사가 담당하고, 소년보호사건, 가정보호사건은 단독판사가 담당하게 된다.

또한 가정법원에는 가사조정사건을 다루기 위한 조정위원회와 필요한 사항을 조사하는 조사관이 있다.

 가사재판과 가사조정

1. 가사재판

가족 및 친족 간의 분쟁 사건과 가정에 관한 일반적인 사건에 대한 재판
예) 재판상 이혼, 혼인무효, 친생자관계존부확인, 이혼을 원인으로 하는 손해배상청구, 상속포기, 재산분할, 자의 양육, 상속재산분할 등

2. 가사조정

재판상 이혼청구, 그에 따르는 손해배상청구, 자녀 양육, 상속재산의 분할청구 등과 같은 가사소송사건은 재판을 하기 전에 조정위원회에서 당사자 간의 조정을 거쳐야 한다. 조정위원회는 법관 1인과 조정위원 2인 이상으로 구성되는데 가정법원장 또는 지원장이 매년 학식과 덕망이 있는 자 중에서 적당한 사람을 조정위원으로 위촉한다.
비공개로 진행되는 가사조정절차에서 조정이 성립 되면 재판상의 화해와 동일한 효력을 가진다.

3 **행정법원**

행정법원은 1998년 3월, 서울에 처음 설치되었다. 행정법원이 설치되지 않은 지역의 행정소송사건은 행정법원이 설치될 때까지 해당 지역 지방법원 본원이 이를 관할하며 심판한다. 행정소송을 하려면 과거에는 행정적 구제절차를 모두 거쳐야 법원에 행정소송을 제기할 수 있었으나, 행정법원 설립에 따라 법에 특별히 규정되어 있지 않은 한 행정심판을 거치지 않고 곧바로 행정소송을 제기할 수 있게 되었다.

행정법원의 심판권은 판사 3인으로 구성된 합의부에서 이를 행한다. 다만, 행정법원에 있어서 단독판사가 심판할 것으로 행정법원 합의부가 결정한 사건의 심판권은 단독판사가 이를 행한다.

행정소송은 행정법원이나 지방법원이 1심을, 고등법원이 2심(항소심)을, 대법원이 3심(상고심)을 맡아 재판하는 3심제를 채택하고 있다.

행정법원은 법원장 아래 재판부와 사무국을 두고 있으며, 현재 서울행정법원의 심판관할 구역은 서울특별시이다. 하지만 중앙행정기관을 대상으로 하는 행정소송은 서울행정법원에서 관할한다.

행정소송과 행정심판

- 행정소송 : 행정청의 위법한 처분 또는 공권력에 의한 국민
  의 권리나 이익이 침해당했을 때 법원에 이의 구제(취소 또는
  회복)를 요청하는 일

- 행정심판 : 행정청의 위법한 처분 또는 공권력에 의한 국민
  의 권리나 이익이 침해당했을 때 침해한 행정기관의 상급
  기관에 설치된 행정심판위원회에 그 구제를 요청하는 일

  * 경우에 따라서는 행정소송을 제기하기 전에 반드시 행정심판을 먼저 거쳐
  야 하는 경우도 있다.

검찰청 조직

검찰은 국가를 대변하여 국가의 형벌권에 기초한 최고의 법
집행기관으로서, 국민 모두가 안심하고 살 수 있는 깨끗하고 안전
한 사회를 만들기 위해 범죄를 수사하고 법을 집행하는 임무를 맡
고 있다. 군대가 국가의 외부로부터 공격을 막는 역할을 맡고 있다
면 검찰은 국가 내부의 질서와 안녕을 파괴하려는 범죄자들로부터
의 공격을 막는 것이다.

그래서, 검찰은 범죄 수사를 총괄 지휘하고 기소를 담당하는
수사기관이면서 동시에 여러 행정부처의 법치행정을 자문하고 감
시하는 자문·감시기관이기도 하다. 이를 위하여 검찰은 상명하복

식의 조직을 가지고 있지만 검사는 개별 독립기관으로서 지위와 역할이 보장된다.

반면에, 검찰은 범죄피해자의 피해회복까지 지원함으로써 인권을 존중하고, 진정한 의미의 사회적 정의를 실현하는 민주주의 수호의 중추적 역할을 할 뿐만 아니라 공무원에 대한 사정기관으로서의 역할도 하여 그야말로 공익을 대표하는 핵심 기관이라 하겠다.

검찰청은 대검찰청, 고등검찰청, 지방검찰청으로 조직되어 있으며, 대검찰청은 대법원에, 고등검찰청은 고등법원에, 지방검찰청은 지방법원에 대응하여 각각 설치하고, 지방법원지원 설치지역에는 지방검찰청지청을 둘 수 있도록 하고 있다.

- **형벌권** : 범죄인에 대하여 형벌을 부과하는 국가의 기능 또는 그 권리를 말한다.
- **기소** : 검사가 법원에 대하여 특정한 형사사건의 심판을 청구하는 소송 행위
- **사정기관** : 잘못된 일을 다스려 바로잡는 것을 '사정'이라 하며 이러한 일을 하는 기관

　　대검찰청은 검찰 최고의 기관으로서 각종 사건수사는 물론 전국의 검찰청을 지휘하고 감독한다. 대검찰청의 수장인 검찰총장은 대검찰청의 사무를 맡아 처리하고 검찰 사무를 종합적으로 살피며 검찰기관의 모든 공무원을 총지휘한다.

　　검찰총장은 임기가 2년이며 두 번 할 수 없다. 검찰총장 밑에 차장검사가 있어 검찰총장을 보좌하며, 검찰총장이 사고가 있을 때는 그 직무를 대리하게 된다. 각 검찰청에는 사무국이 있는데, 사무국에서는 검찰청 행정 공무원들이 검찰과 관련된 업무를 맡아 처리하게 된다.

　　장관급인 검찰총장이 되려면 15년 이상 동안 판사, 검사 또는 변호사 경력이 있거나 변호사 자격을 가진 사람으로서 국가기관, 지방자치단체, 국·공영기업체,「공공기관의 운영에 관한 법률」제4조에 따른 공공기관 또는 그 밖의 법인에서 법률에 관한 사무에 종사했거나 또는 변호사 자격이 있는 사람으로서 대학 법률학 조교수 이상으로 재직한 경력이 있어야 한다.

　　차장검사가 되기 위해서는 10년 이상 위와 같은 경력이 있어야 한다.

　　대검찰청 아래에는 서울고등검찰청, 대전고등검찰청, 대구고등검찰청, 부산고등검찰청, 광주고등검찰청 등 5개의 고등검찰청이 있다.

대검찰청 각 부서와 하는 일

1. 사무국

- 검찰청 청사와 재산을 관리하며 직원들의 인사 문제를 비롯하여 검찰청 행정 업무를 수행한다.
- 국가비상 사태에 대비한 계획을 수립하고 대비하는 일도 한다.

2. 기획 조정부

- 주요 업무기획, 법령질의 및 개정건의, 행정관리 사항 등에 관한 업무를 수행한다.
- 검찰 전산 관련 업무를 운영 관리하며, 검찰 통신운영 및 통신기기 관리 등에 관한 일을 한다.

3. 중앙수사부

- 검찰총장이 명하는 범죄 사건의 수사를 기획, 추진 또는 지원하며 이와 관련한 검찰 사무를 지휘 감독한다. 중앙수사부는 그 동안의 폐지와 관련해 논란이 있어 2013년 일단 폐지하고 그 대안을 강구중이다.

4. 형사부

- 경제, 교통사건, 검찰사무 보고 및 정보, 진정, 내사, 탄원 기타 내사사건 등에 관한 일을 한다.
- 환경, 보건, 소년, 여성 사건의 검찰 사무를 지휘 감독한다.

5. 강력부

- 강력범죄 및 조직범죄 사건 등에 관한 일을 한다.
- 마약과 관련된 범죄 수사를 지휘 감독하며 수사공무원을 교육 배치하는 등 마약류 범죄 예방 단속에 관한 종합적인 계획을 수립 추진한다.
- 범죄 피해자에 대한 지원 및 보호는 물론 증인에 대한 보호와 관련한 일을 한다.

6. 공안부

- 대공사건, 선거사건, 남북교류협력관련 사건, 보안관찰법에 의한 보안 관찰처분에 관한 사건, 노동 관련 사건, 학원 관련 사건에 관한 업무를 처리한다.
- 사회 · 종교 · 정치 등 단체 관련 공안사건 및 집단행동 관련 사건, 테러 사건, 출입국 관련 사건 등을 처리한다.

7. 공판송무부

- 상고, 재항고 사건을 접수 처리하고 재산형의 집행을 지휘 감독을 한다.

8. 감찰부

- 검찰공무원의 사무나 기강을 감사하고 비위와 관련된 일을 조사 처리한다.
- 인권 침해에 관련된 일을 조사 처리한다.

9. 범죄정보기획관

- 범죄와 관련된 정보를 수집 관리하는 일을 한다.

10. 과학수사기획관

- 과학수사와 관련된 업무 기획, 조사기법 연구개발, 지도 교육, 장비 확보, 컴퓨터 프로그램 연구개발 등 종합적인 계획을 수립 운영한다.

11. 검찰연구관

- 검찰총장을 보좌하고 검찰총장이 명하는 검찰사무에 관한 기획, 조사, 연구 업무에 종사하며 경우에 따라 고등검찰청이나 지방검찰청의 검사를 겸임할 수 있다.

2 고등검찰청

　　고등검찰청은 대검찰청 산하 전국의 5개 지역에 설치되어 있으며 관할지역내의 지방검찰청을 지휘한다.

　　또한 고등법원 원외재판부와 마찬가지로 고등검찰청도 업무의 편의를 위하여 지방검찰청 소재지에 지부를 두어 고등검찰청의 업무를 수행하기도 하는데 이를 '고등검찰청 ○○지부'라 부른다.

　　고등검찰청 중에서 서울고등검찰청이 제일 먼저 1948년에 문을 열었고 뒤 이어 그 해에 대구고등검찰청이 세워졌다. 이어 광주고등검찰청, 부산고등검찰청, 대전고등검찰청 순으로 개청했다.

　　고등검찰청의 수장을 검사장이라고 하는데 줄여서 '고검장'이라고도 한다. 고등검찰청 검사장은 장관과 차관급 중간의 예우를 받는데, 10년 이상 동안 판사 · 검사 · 변호사의 경력을 가졌던지 또는 변호사 자격을 가진 자로서 국가기관 등에서 일했거나 대학의 법학 조교수 이상의 직에 있던 자 중에서 임명한다.

　　고등검찰청의 차장검사는 소속 검사장을 보좌하며 소속 검사장의 사고가 있을 때 그 직무를 대리하게 된다.

　　고등검찰청은 항소사건에 대한 소송을 유지하고 항고사건을 처리한다. 또한 행정소송을 비롯해 국가를 당사자로 하는 소송사건을 수행하고 진행을 돕는 일을 한다.

　　비록 고등검찰청마다 구성되어있는 조직 형태는 다소 다르지만 하는 일은 같다고 하겠다.

고등검찰청에서 하는 일

1. 사무국
- 검찰청 청사 관리, 검찰 재산 관리, 보안에 관한 사항, 관인관수에 관한 사항, 검찰 공무원 임용, 복무, 교육훈련, 상훈에 관한 일을 한다.
- 사건의 접수 및 처리에 관한 사항, 검찰사무 및 정보보고에 관한 사항, 수사지휘 등에 관한 업무 및 소송 관련 사무를 처리한다.

2. 형사부
- 항고사건의 수사 및 처리에 관한 사항, 소속공무원의 비위 및 복무기강 등에 관한 감독의 일을 한다.

3. 공판부
- 형의 집행(재산형 제외)및 보호처분에 관한 사항과 상소 등에 관한 일을 한다.

4. 송무부
- 국가를 당사자로 하는 소송과 행정소송을 수행하고 지휘감독하는 일을 한다.

지방검찰청은 18개 지방법원에 대응하여 위치하며 서울(중앙, 동부, 남부, 북부, 서부), 의정부, 인천, 수원, 춘천, 대전, 청주, 대구, 부산, 울산, 창원, 광주, 전주, 제주지방검찰청으로 구성되어 있다.

지방검찰청 검사장(줄여서 '지검장'이라고 함)은 검찰총장과 소속 고등검찰청 검사장의 명을 받아 해당 검찰청의 사무를 맡아 처리하고 소속 공무원을 지휘·감독하며, 소속 검사는 검찰사무에 관하여 검사장의 지휘·감독에 따른다.

검사는 업무 수행에 있어서 이처럼 상급기관에 기속되지만 구체적인 사건과 관련하여 소속 상급자의 지휘·감독이 법률의 해석 적용 및 법 논리에 있어서 부당하거나 다를 경우에 이의를 제기할 수 있다.

지방검찰청 검사장은 10년 이상의 법조 경력이 있거나 그에 상당하다고 법률이 인정하는 자 중에서 임명한다.

지방검찰청 차장검사는 서울중앙지방검찰청에 3인, 인천·수원·대구·부산지방검찰청에는 2인, 나머지 지방검찰청에는 1인을 두며 소속 검사장을 보좌하고 소속 검사장이 사고가 있을 때는 그 직무를 대리한다.

지방검찰청 차장검사 및 지청장은 법조 경력이 7년 이상이거나 그에 상당하다고 법률이 인정하는 자 중에서 임명한다.

지방검찰청은 검찰 업무의 효율성을 높이기 위하여 지방법원

지원이 개설되어 있는 주요 지역에 지청을 설립하여 운영하고 있는데 전국에 39개 지청이 있다.

지방검찰청은 각기 그 조직에 있어서 조금씩 다르지만 대체로 다음과 같은 일을 한다.

1 **총무부**
- 운영계획 및 심사분석에 관한 사항
- 법령에 관한 사항
- 직원, 사법연수생 및 사법경찰관리의 지도 · 교양에 관한 사항
- 사무감사에 관한 사항

- 기타 검사장이 명하는 사항과 타부나 사무국의 소관에 속하지 아니하는 사항

2 **공안부**
- 공안 · 선거 · 노동관계 사건의 수사처리 및 공판수행에 관한 사항
- 공안 · 노동정세의 조사와 기타 자료의 수집 정비에 관한 사항
- 보안관찰처분에 관한 사항

3 **형사부**
- 일반형사사건의 수사 및 처리에 관한 사항

4 **특별수사부**
- 검사장이 지정하는 사건의 수사 및 처리에 관한 사항
- 해당 사건에 관련된 정보 및 자료의 수집 · 정비에 관한 사항

5 **조사부**
- 검사장이 명하는 고소 · 고발 · 진정사건의 수사 및 처리에 관한 사항
- 해당 사건에 관한 범죄정보 및 자료의 수집 · 정비에 관한 사항

6　**강력부**

- 검사장이 지정하는 강력 · 마약사건의 수사 및 처리에 관한 사항
- 해당 사건에 관련된 정보 및 자료의 수집 · 정비에 관한 사항

7　**외사부**

- 외국인 또는 외국인과 관련된 사건의 수사 및 처리에 관한 사항
- 해당 사건에 관한 범죄정보 및 자료의 수집 · 정비에 관한 사항

8　**첨단범죄수사부**

- 검사장이 지정하는 첨단범죄사건의 수사 및 처리에 관한 사항
- 해당 사건에 관련된 정보 및 자료의 수집 · 정비에 관한 사항
- 컴퓨터 등 정보처리장치 및 정보통신매체와 관련된 증거자료에 대한 압수 · 수색 및 분석에 관한 사항

9　**공판부**

- 공판에 관한 사항
- 형(재산형을 제외한다)의 집행에 관한 사항
- 상소에 관한 사항

- 판례의 조사 · 연구에 관한 사항
- 사면 · 감형 및 복권에 관한 사항
- 범죄인의 인도에 관한 사항
- 형사보상금의 지급에 관한 사항

10 금융조세조사부

- 검사장이 지정하는 금융 · 조세 · 증권관련 사건의 수사 및 처리에 관한 사항
- 해당 사건에 관련된 정보 및 자료의 수집 · 정비에 관한 사항

이상과 같은 일을 하기 위하여 서울중앙지방검찰청은 24개부, 부산지방검찰청은 10개부, 인천지방검찰청은 9개부, 수원지방검찰청 및 대구지방검찰청은 8개부, 광주지방검찰청은 7개부, 대전지방검찰청은 6개부, 창원지방검찰청은 5개부를 두고 있고 각 부 밑에는 과가 설치되어 있다.

4 법률전문회사
(로펌 Law firm)

로펌은 미국에서 변호사들이 만든 대형 법률사무소를 지칭하는 말인데 우리나라에서는 일반적으로 변호사법에 의거하여 회사형태로 만든 변호사 법률사무소를 말한다.

우리나라에서 변호사가 일을 하기 위해서는 먼저 변호사 법률사무소를 설립하든지 아니면 다른 법률사무소에 취직해야 한다.

변호사법에 의하면 변호사가 개업하든지 아니면 취직할 수 있는 법률사무소는 일반적으로 다음과 같은 4가지 형태가 있다.

- **개인 법률사무소**

  변호사 개인이 단독으로 설립하는 법률사무소
- **법무법인**

  변호사 3인 이상이 공동으로 설립하는 법률사무소
- **법무법인(유한)**

  변호사 7인 이상이 공동으로 설립하는 법률사무소
- **법무조합**

  변호사 7인 이상이 공동으로 설립하는 법률사무소

처음에는 변호사 개인 법률사무소와 법무법인 두 가지 형태의 법률사무소가 있었으나 법률시장이 외국에 개방되면서 우리나라 변호사들의 경쟁력을 높이기 위해 유한법무법인과 법무조합이라는 형태의 법률사무소를 신설하였다.

이들이 기존의 법무법인과 다른 점은 우선 법인을 만들기가 쉽고, 의사결정이 신속하며, 법인을 만든 변호사들의 책임을 분명히 하고 그 책임의 한계를 둠으로써 변호사들이 보다 능률적으로 법률 서비스를 제공할 여건을 만들었다는 것이다.

유한법무법인은 상법상의 유한회사 관련 규정을 적용하여 변호사들의 실수나 과실에 의한 책임에 한계를 두게 하였고 법무조합은 민법상 조합에 관한 규정을 적용하여 책임의 한계 뿐 아니라 법인세를 내지 않아도 되고 소송의 효율성을 높이기 위해 공증업무도 동시에 할 수 있도록 하였다.

유한법무법인과 법무조합은 법률상의 규모에 있어서는 조합이 법인과 개인 법률사무소의 중간 정도 되지만 실제 규모에 있어서는 조합이 법인보다 더 클 수도 있다. 그리고 유한법무법인과 그냥 법무법인의 차이는 설립 인원과 자본금의 액수가 다르다. 유한법무법인을 만들려면 설립 자본금이 5억 원 이상이 되어야 한다.

우리나라에서는 1958년의 김장리 합동법률사무소를 로펌의 첫 등장으로 보는 데 일반적으로 변호사 몇 명이 만든 합동법률사무소 보다는 훨씬 큰 법률서비스 제공회사를 우리는 로펌이라고 생각한다.

그래서 로펌에서는 변호사들이 전문분야 별로 나뉘어 조직적으로 법률 서비스를 제공하며, 단 한 번의 사건 의뢰로 고객이 추구하는 바를 완벽하게 처리하는 종합적 법률서비스가 이루어지는 장점이 있다고 하겠다.

특히 로펌은 오늘날과 같은 국제화 시대에 있어서 다양

한 소송에 관한 일을 할 뿐만 아니라 국제통상증권 · 금융 · 특허 · M&A · 신규 사업 같은 기업 활동 전반에 참여하는 법률 컨설팅도 주요 활동 분야로 삼고 있다.

5 검찰과 경찰

검찰과 경찰의 역할

국가의 법질서를 유지함으로써 국민의 안녕과 권익을 보호하기 위한 국가 권력의 강제적 집행자라는 의미에서 볼 때 검찰과 경찰은 크게 다를 것이 없다.

그러나, 그 실천 방법에 있어서는 차이가 있다. 즉 법률을 어긴 범죄자를 체포하고 수사하는 일(수사권)은 경찰이 하고, 경찰이 수사한 결과를 가지고 범죄자를 처벌하도록 재판을 청구(기소권)하여 재판의 결과에 따라 형벌을 집행하는 일은 검찰이 하는 것이다.

이것이 검찰과 경찰의 역할 구분이다. 즉 범죄에 대한 수사는 경찰이 하고 처벌은 검찰이 하는 것이다. 말하자면 수사권과 기소

권의 분리인 것이다. 이는 국민의 인권을 보호한다는 취지에서 만들어진 제도인데 경찰이 발로 뛰어 범죄로부터 사회를 실제적으로 보호한다면 검찰은 법률에 의거하여 범죄를 처벌함으로써 사회의 질서를 유지한다고 하겠다.

법치국가에 있어서는 법률을 어겼다고 바로 처벌할 수는 없다. 아무리 범죄를 저질렀어도 유죄판결이 나기 전까지는 범죄자로 취급해서는 안 된다는 원칙(무죄추정의 원칙)이 있다. 그런데 수사권과 기소권이 한 기관에 집중된다면 바로 국가 권력에 의한 인권 침해 문제가 발생할 수 있다. 그래서 민주주의 국가에서는 일반적으로 수사권과 기소권을 구분한다.

어느 국가이든지 이처럼 기본 원칙에 있어서는 검찰과 경찰이 구분되어 있지만 현실적으로 볼 때 검찰의 역할과 경찰의 역할이 명확하게 구분되어 있지 않은 경우가 많다. 그래서 검찰과 경찰 사이에 권한 문제를 놓고 서로 충돌하는 경우가 종종 있으며 업무에 있어서 상하관계가 성립될 경우도 있어 집단의 이해관계로까지 발전하기도 한다.

우리나라의 경우에는 수사권이 경찰과 검찰에 이원적으로 부여되어 있어서 두 기관 사이의 논쟁 꺼리가 되고 있다. 즉 검찰도 독자적으로 수사를 할 수 있는 것이다.

 검찰청법 제4조

검사는 공익의 대표자로서 범죄수사, 공소유지와 그 유지에 필요한 사항, 범죄수사에 관한 사법경찰관리의 지휘·감독, 법원에 대한 법령의 정당한 적용의 청구, 재판집행의 지휘·감독, 국가를 당사자 또는 참가인으로 하는 소송과 행정소송의 수행 또는 그 수행에 관한 지휘·감독, 기타 다른 법령으로 정한 권한을 담당한다.

하지만 일반적으로는 검사가 경찰을 지휘하여 수사를 하고 검찰 수사는 보완적 의미를 가지고 있다고 보면 된다. 그래서 실질적으로 대부분의 수사는 경찰이 맡고 있다. 지금도 대부분의 사건은 검사가 직접 간여하지 않고 경찰의 의견대로 진행된다. 그러나 경찰에서 조사받은 후 검찰에서 다시 조사받는 경우, 시민의 입장에서는 바람직할 수 있다. 왜냐하면 경찰에서 조사받고 또 검찰에서 조사받으면 비록 힘들겠지만 두 기관의 조사를 받음으로써 혹여 있을 수 있는 국가 기관에 의한 국민의 기본권 침해를 구제 받을 수 있기 때문이다.

바로 국민 기본권 보호의 이중 안전장치라 할 수 있다.

그러나 경찰이 전적으로 검찰의 지휘만을 받는 기관은 아니다. 분명히 검찰과 경찰은 독립된 대등한 기관이다. 단지 범죄와 관련된 법 집행 분야에 있어서만 경찰이 검사의 지휘를 받을 뿐이다.

경찰은 검찰이 갖지 않은 예방 경찰의 역할을 가지고 있다. 즉 범죄가 일어나는 것을 사전에 방지하고 질서 유지를 유도하는 등의 예방적 차원의 치안 유지 활동은 경찰만이 가지고 있는 권한이다. 어떤 의미에서 보면 경찰의 주요 역할은 우리가 알고 있는 것처럼 범인을 잡아 처벌하는 것이 아니고 범죄를 예방하고 국민을 계몽하는 이러한 역할이 더 중요하다고 하겠다.

검사와 특별사법경찰

검사는 개개인이 검찰권을 행사하는 독립적인 국가기관이다. 즉 국가 공익의 대표자로서 범죄를 수사하고 공소를 제기해 재판을 청구하며 재판 결과에 따라서 처벌한다. 이때 검사를 도와서 범죄를 수사하고 범법자를 체포하는 등 현장에서 범죄자들을 상대로 법을 집행하는 일을 하는 사람을 사법경찰이라고 하는데 바로 '형사'를 말한다.

형사는 검사의 지휘를 받아 범죄를 수사하고 증거를 수집하며 범인을 체포하는 등의 일을 한다.

그런데 형사 이외에도 검사의 지휘를 받아 범법(법을 어기는 것) 행위를 적발하고 수사하며 범인을 체포하는 일을 하는 공무원들이 있다. 이 공무원들은 경찰이 아닌 일반 공무원으로서 주로 전문 분야에 종사하는 자들인데 일반인들이 잘 알지 못하는 특수 분야에서 범죄가 일어날 때, 검찰이나 경찰이 잘 알지 못하여 범죄를 단속하는데 어려움이 있는 것을 해결하고자 특별히 사법경찰의 임무를 부여한 것이다.

경찰이 아닌 이러한 공무원들을 우리는 '특별사법경찰'이라고 한다.

예를 들면 불법으로 밀수하려는 자들을 수색 체포하는 세관원, 불법으로 우리나라에 들어와 살고 있는 사람들을 조사하는 출입국관리공무원, 불량식품을 제조하여 판매하려는 자들을 조사 처벌하는 식품의약안전청 공무원이나 지방공무원, 문화재 관련 범죄를 수사하는 문화재청 공무원, 국가정보원 직원이나 군 헌병 등등이 있다.

이들은 경찰이 아니지만 경찰처럼 수사하고 범죄자를 체포하는 등의 일을 한다.

검사는 이러한 특별사법경찰도 지휘하여 범죄를 수사한다. 그리고 수사한 결과와 증거를 모아 법을 어긴 자들을 기소하여 재판을 거쳐 합법적으로 처벌함으로써 국민의 권익과 국가의 공공질서를 유지하여 살기 좋은 나라를 만든다.

이처럼 수사권이 미치기 어려운 철도, 환경, 위생, 산림, 해사, 전매, 세무, 교도소 등 특정지역과 시설에 대한 수사나 조세, 마약, 관세사범 수사 시 전문성이 부족한 경찰로서는 직무수행이 불충분하기 때문에 그 효율성을 위해 전문적 지식이 정통한 행정공무원에게 사법경찰권을 부여하여 수사 활동을 하도록 한 것이다.

우리나라에 특별사법경찰이 처음 창설된 것은 1956년인데 시간이 흐르면서 이와 관련된 법률이 무려 50여 차례 이상 개정되었고 더불어 특별사법경찰의 활동 범위가 확대되었다. 2012년 기준으로 법률이 직접 특별사법경찰 권한을 부여한 경우는 9개이며, 이 밖에 관할 검사장의 지명에 의하여 부여된 경우는 37개로 전체 46개 분야에 특별사법경찰이 존재하고 있다.

현행법상 특별사법경찰로써 직무가 부여되어 행사할 수 있는 자는 「사법경찰관리의 직무를행할 자와 그 직무범위에 관한 법률」에 근거하고 있다.

- **■ 법률이 직접 사법경찰권을 부여한 특별사법경찰**
  1. 교도소, 소년원, 보호감호소 · 치료감호시설의 장.
  2. 출입국관리공무원
  3. 산림 보호를 위한 단속 사무를 전담할 자
  4. 「근로기준법」에 따른 근로감독관

5. 선장, 항공기 기장, 선원 근로감독관

6. 국가정보원장이 지명하는 국가정보원직원

7. 군사법경찰관리로서 지방검찰청검사장의 지명을 받은 자

8. 자치경찰공무원

- **관할 검사장의 지명에 의한 특별사법경찰**(4급 이하의 공무원만 해당)

1. 교도소 · 소년교도소 · 구치소 또는 그 지소의 국가공무원

2. 지방교정청에 근무하는 국가공무원

3. 소년원 또는 그 분원의 장이나 소년분류심사원 또는 그 지원의 국가공무원

4. 보호감호소 · 치료감호시설 또는 그 지소의 국가공무원

5. 산림청과 그 소속 기관(산림항공관리소는 제외한다)에 근무하며 산림보호 · 경영 사무에 종사하는 국가공무원

6. 특별시 · 광역시 · 도에 근무하며 산림 보호와 국유림 경영 사무에 종사하는 국가공무원 또는 지방공무원

7. 시 · 군 · 구 또는 읍 · 면에 근무하며 산림 보호 사무에 종사하는 국가공무원 및 4급부터 9급까지의 지방공무원

8. 식품의약품안전청, 특별시 · 광역시 · 도 및 시 · 군 · 구에 근무하며 식품 단속 사무에 종사하는 국가공무원 및 지방공무원

9. 식품의약품안전청, 특별시 · 광역시 · 도 및 시 · 군 · 구에 근무하며 의약품 단속 사무에 종사하는 국가공무원

및 지방공무원

10. 등대에서 근무하며 등대 사무에 종사하는 국가공무원

11. 국토해양부와 그 소속 기관에 근무하며 철도공안 사무에 종사하는 국가공무원

12. 소방공무원

13. 국립학교에 근무하며 그 학교의 실습림 및 관리림의 보호 사무에 종사하는 국가공무원

14. 문화재청과 그 사무소·지구관리사무소와 출장소·현충사관리소·칠백의총(七百義塚)관리소·세종대왕유적관리소 또는 특별시·광역시·도 및 시·군·구에 근무하며 문화재의 보호 사무에 종사하는 국가공무원 및 지방공무원

15. 「계량에 관한 법률」에 따른 계량검사공무원

16. 공원관리청에 근무하며 공원관리 업무에 종사하는 국가공무원 및 지방공무원

17. 관세범(關稅犯)의 조사 업무에 종사하는 세관공무원

18. 어업감독 공무원

19. 광산보안관

20. 국가보훈처와 그 소속 기관의 공무원

21. 보건복지부, 특별시·광역시·도 및 시·군·구에 근무하며 공중위생 단속 사무에 종사하는 국가공무원 및 지방공무원

22. 환경부, 특별시·광역시·도 및 시·군·구에 근무하며 환경 관계 단속 사무에 종사하는 국가공무원 및 지방공무원

23. 방송통신위원회, 중앙전파관리소 및 체신청에 근무하며 무선설비·전자파장해기기·전기통신설비·전기통신기자재·감청설비 및 영리목적의 광고성 정보에 관한 단속 사무에 종사하는 국가공무원

24. 지방국토관리청·국도관리사무소, 특별시·광역시·도 및 그 산하 건설사업소 또는 도로관리사업소 및 시·군·구에 근무하며 차량운행제한 단속 사무 및 도로시설 관리 사무에 종사하는 국가공무원 및 지방공무원

25. 문화체육관광부, 특별시·광역시·도 및 시·군·구에 근무하며 관광지도(觀光指導) 업무에 종사하는 국가공무원 및 지방공무원

26. 문화체육관광부, 특별시·광역시·도 및 시·군·구에 근무하며 저작권 침해에 관한 단속 사무에 종사하는 국가공무원 및 지방공무원

27. 여성가족부, 특별시·광역시·도 및 시·군·구에 근무하며 청소년보호 업무에 종사하는 국가공무원 및 지방공무원

28. 농림수산식품부와 그 소속 기관, 특별시·광역시·도 및 시·군·구에 근무하며 다음에 규정된 사무에 종사

하는 국가공무원 및 지방공무원

가.「농수산물의 원산지 표시에 관한 법률」에 규정된 원산지 표시 등에 관한 단속 사무

나.「농수산물 품질관리법」에 규정된 농수산물에 관한 단속 사무

다.「친환경농어업 육성 및 유기식품 등의 관리·지원에 관한 법률」에 규정된 친환경농산물에 관한 단속 사무

라.「축산물위생관리법」에 규정된 축산물에 관한 단속 사무

마.「인삼산업법」에 규정된 인삼에 관한 단속 사무

바.「양곡관리법」에 규정된 양곡에 관한 단속 사무

29. 지식경제부, 특별시·광역시·도 및 시·군·구에 근무하며 「대외무역법」에 규정된 원산지 표시에 관한 단속 사무에 종사하는 국가공무원 및 지방공무원

30. 지식경제부, 특별시·광역시·도에 근무하며 외화 획득용 원료·기재의 수입 및 사용목적 변경승인 업무에 종사하는 국가공무원 및 지방공무원

31. 농촌진흥청, 농업과학기술원, 특별시·광역시·도 및 시·군·구에 근무하며 농약 및 비료 단속 사무에 종사하는 국가공무원 및 지방공무원

32. 국토해양부, 특별시·광역시·도 및 시·군·구에 근무하며 하천 감시 사무에 종사하는 국가공무원 및 지

방공무원

33. 국토해양부, 특별시 · 광역시 · 도 및 시 · 군 · 구에 근
무하며 개발제한구역 단속 사무에 종사하는 국가공무
원 및 지방공무원

34. 농림수산식품부, 국립수의과학검역원과 그 지원, 특별
시 · 광역시 · 도 및 시 · 군 · 구에 근무하며 「가축전염
병예방법」에 따라 가축방역관이나 검역관으로 임명된
국가공무원 및 지방공무원

35. 시 · 군 · 구에 근무하며 무등록자동차정비업, 자동차
무단방치 및 강제보험 미가입 자동차 운행에 관한 단
속 사무에 종사하는 지방공무원

36. 국립식물검역소에 근무하며 「식물방역법」제7조의2에
따라 식물검역관으로 임명된 국가공무원

37. 국토해양부와 그 소속 기관, 광역시 · 도 및 시 · 군 · 구
에 근무하며 해양환경 관련 단속 사무에 종사하는 국
가공무원 및 지방공무원

38. 특허청, 특별시 · 광역시 · 도 및 시 · 군 · 구에 근무하
며 부정경쟁행위, 상표권 및 전용사용권 침해에 관한
단속 사무에 종사하는 국가공무원 및 지방공무원

39. 특별시 · 광역시 · 도 및 시 · 군 · 구에 근무하며 여객자
동차 운수사업 및 화물자동차 운수사업의 단속 사무에
종사하는 지방공무원

40. 「도시공원 및 녹지 등에 관한 법률」 제20조에 따른 공
    원관리청에 근무하며 같은 법에 따라 도시공원 관리업
    무에 종사하는 지방공무원

41. 병무청과 그 소속 기관에 근무하며 「병역법」에 규정된
    병역 기피·감면 목적의 신체손상이나 속임수를 쓴 행
    위에 관한 단속 사무와 징병검사 또는 신체검사 사무
    에 종사하는 국가공무원

42. 농림수산식품부와 그 소속 기관, 산림청, 특별시·광
    역시·도 및 시·군·구에 근무하며 「종자산업법」 및
    「식물신품종 보호법」에 규정된 품종보호권 침해행위
    의 조사 사무 및 종자의 유통 조사 등에 관한 사무에
    종사하는 국가공무원 및 지방공무원

6 법률 시장 개방

법률 서비스 시장 개방이라는 것은 국내에서 변호사 활동을 하는 것을 국내 변호사나 법률회사에게만 허용하는 것이 아니고 외국의 법률회사들에게도 우리나라에서 활동할 수 있도록 한다는 것이다. 이는 다국적기업이 활발히 움직이고 국제적 분업이나 교류가 일상화 되어 있는 시점에서 피할 수 없는 현실이기는 하지만 자칫 준비가 되지 않은 상황에서 법률 시장을 개방하게 되면 여러 가지 예상치 못한 부작용이 발생할 수 있다고 본다.

한 예로 프랑스와 독일이 법률시장을 개방했을 때 순식간에 미국과 영국의 법률회사에 의해 합병되어 프랑스와 독일 변호사들이 외국의 변호사들에게 일자리를 빼앗겨 버렸다. 그래서 일본은 자국의 법률시장을 외국에 개방할 때 18년에 걸쳐 점진적으로 추진하였으며 자기 나라 변호사들이 크게 타격받지 않는 영역을 개방했다.

이제 우리나라도 한미 FTA, 한·EU FTA로 국내 법률 시장이 개방된다. 한국과 EU간의 협상에서 초기에는 우리나라 국내 법률시장의 즉시·전면 개방을 요구받았으나 꾸준한 설득을 통해 국내 법률시장에 미치는 부작용을 최소화하기 위하여 5년간에 걸쳐 단계적으로 개방하기로 하였다. 발효 즉시 시작되는 1단계에서는 외국 변호사·로펌의 국내진출이 허용되고, 2단계에서는 사안별 업무 제휴가 허용되며, 3단계인 5년째부터는 법률서비스합작회사 설립을 통하여 국내 변호사를 고용하여 영업을 할 수 있도록 하였다.

그런데 이러한 개방 이후 일반적으로 외국 변호사들은 국내에 로펌을 설립하든지 아니면 국내 외국 로펌에 소속되어 외국법자문사로 일할 수 있으며, 국내 로펌에 취직하여 활동할 수도 있다.

이들 외국 변호사들은 우리나라에서 '원자격국의 법령 및 원자격국이 당사국인 조약, 일반적으로 승인된 국제관습법'에 관한 자문 및 '원자격국의 법령 등'이 적용법령인 국제중재사건 대리 업무나 법률자문 만이 가능하고 소송대리나 법정변호 등과 같은 일은 할 수 없다.

하지만 이러한 국내 법률시장 개방은 우리나라 로펌들을 국제적 무한 경쟁에 노출시키게 되어 국내 법률서비스를 한 차원 높은 단계로 끌어 올리는 계기가 될 수도 있다. 그래서 경쟁력이 떨어지는 변호사들은 사무실을 운영하기가 어려운 상황에 처할 수도 있게 될 것이다. 앞으로는 국내외 법률회사가 전략적인 제휴를 모색할 것이고, 더불어 국제 변호사 시장이 팽창하면서 법률 시장이 활성화될 것이라는 전망이다.

하지만 이러한 긍정적인 면과 달리 한국의 토종 법률회사들이 미국 법률회사에 합병흡수되어 재편될 가능성도 높아 우리나라 법률서비스 산업의 경쟁력 강화가 절실히 필요하다고 하겠다.

그러나 거시적으로 볼 때, 국내 법률시장의 외국에 대한 개방은 국제적 경쟁 구도를 갖게 되어 법률시장의 새로운 양상을 만들어 낼 것이라는 기대를 갖게 한다. 우선 법률 시장에서 고용 환경이 달라질 것이다. 대형 법률회사 간에 합병이 더욱 빠르게 진행되면서 변호사의 일자리 문제는 다소 주춤하겠지만, 국제 변호사, 변호사 보조업무, 특허나 디자인처럼 국제적 권리를 갖는 상업적 재산권 관련 업무에서는 법률적 지식이 아닌 전문적 기술과 지식을 지닌 전문인력의 채용이 늘어날 것으로 보기도 한다.

법률 시장의 이러한 환경 변화는 법학을 공부한 사람들의 전유물이었던 법률 시장에 예술학도나 공학도 등 비법률계학과

출신들의 진출 기회를 확대할 것이다.

　따라서 소송으로 상징화되었던 법률회사는 앞으로 종합컨설팅회사의 모습을 갖게 될 것이며 국제화 시대에 있어서 국가 경쟁력을 높이는 한 축을 담당할 것으로 보인다.

 2012년 최초로 국내에 개설된 외국의 로펌

'롭스 앤 그레이(Ropes & Gray)' 미국로펌, '쉐퍼드 멀린(Sheppard Mullin)' 미국로펌, '클리포드 챈스(Clifford Chance) 영국로펌

PART2

직업으로서의 법조인

재판은 국민 상호간의 분쟁이나 법률을 어긴 범법 행위에 대한 국가의 공식적인 심사 결정이나 판단을 말하는데 판사, 원고와 피고 또는 이들의 변호사들이 참여하여 진행한다. 형사사건에 있어서는 국가를 대표하는 검사가 원고가 된다. 판사는 이러한 재판의 중추 역할을 하며 최종적인 판결을 하게 된다. 외형상 재판은 판사라는 직업인에 의하여 이루어지지만 재판의 모든 행위와 결정은 국가가 한 것으로 간주된다. 재판은 그만큼 엄중한 국가적 행위라고 하겠다.

1

판사

직책과 승진 ································· 74

주요 업무 ································· 78

법원 이외의 근무처 ································· 86

보수, 퇴직과 연금 ································· 97

퇴직 후의 진로 ································· 104

2

검사

직급과 승진 ································· 108

하는 일의 성격 ································· 113

주요 부서와 업무 ································· 123

보수, 퇴직과 연금 ································· 128

퇴직 후의 진로 ································· 132

3

변호사

활동 형태 ································· 134

주요 업무 ································· 143

변호사 전문분야 등록제 ································· 147

변호사의 의무와 징계 ································· 148

보수 ································· 150

1 판사

옛날에는 동서양을 막론하고 모든 사회에 있어서 범죄자를 사회적 힘을 가진 자가 마음대로 처벌하였다.

그러나, 현대 국가제도가 확립되고 나서는 누구든지 재판을 받지 않고는 처벌받지 않도록 하였다. 오로지 국가에서 제정한 법률에 의해서만 범죄자를 처벌할 수 있는 것이다.

그래서, 이 법률이 의미하는 것은 무엇인가?

피의자(범죄를 저질렀다고 의심되지만 재판에 의해 형벌이 확정되지 않은 상태에 있는 자)는 과연 이 법률을 어겼는가?

법률을 어겼으면 어떤 목적으로, 어떤 상황에서, 어떤 형태로,

어느 정도로 어겼으며, 그 피해는 어느 정도인가?

그러면 법률을 어긴 이런 자에게 어떤 형벌을 어느 정도로 내릴 것인가를 생각하고 결정해야 한다.

또한, 당사자 상호간에 누가 누구의 어떤 권리를 어느 정도 어떻게 침해하여 얼마만한 피해를 입혔는가를 국가의 법률이나 관습에 따라 공식적이고 합법적이며 객관 타당한 합리성을 가지고 판단하고 결정해야 한다.

이러한 생각, 판단, 결정의 과정을 우리는 재판이라고 하는데 판사는 재판의 결정권자로서 한 사건에 대하여 검사나 변호사의 법률에 따른 논리적 주장을 들어보고 객관적 자료와 인과의 논리성 및 법률적 지식을 바탕으로 판단하고 결정을 내린다.

판사의 이러한 결정은 비록 개인이 내리는 것이지만 국가가 내린 결정으로 인정되어 재판에 관련된 자들에게 절대적인 영향을 미친다. 따라서 판사는 법과 양심에 따라 공정한 재판을 해야 할 의무가 있으며 어떠한 사람이라도 판사의 결정에 영향력을 행사할 수 없도록 법률로서 판사의 신분과 지위를 보호하고 있다.

판사는 바로 현대 법치국가의 핵심이고 꽃이라고 하겠다. 판사가 바로 설 때 법질서가 바로 잡히며, 법질서가 바로 서야지만 정의(正義)가 살아 있는 국가라 하겠다. 곧 국민의 안녕과 행복한 삶이 보장되는 국가가 되는 것이다.

이처럼 판사는 직업인을 떠나 민주주의를 지키는 든든한 보루라 하겠다.

직책과 승진

　　판사는 원칙적으로 계급이 없으며 모두 평등하다고 하겠다. 그래서, 대법원장과 대법관을 제외한 모든 법관을 판사라고 한다. 따라서 재판에 있어서 모든 판사의 결정은 동일한 효력을 가진다고 봐야 한다. 그런데 현대 국가에서는 국민의 권익을 보호한다는 차원에서 재판을 3번까지 하여 판결을 확정 짓는다는 3심제를 도입하고 있으며 이에 따라 법원도 3단계로 나뉘어지게 되었다.

　　재판을 처음으로 담당하는 법원을 1심법원이라 하고 두 번째로 담당하는 법원을 2심법원, 그리고 마지막으로 재판을 담당하는 법원을 3심법원이라고 하는데 2심법원의 판결은 1심법원의 판결을 번복할 수 있고, 3심법원의 판결은 2심법원의 판결을 번복할 수 있다. 이를 상급법원의 심판이 하급법원의 심판을 기속한다고 말한다.

　　그런데 이는 법관 상호간의 계급 관계를 말하는 것이 아니고 3심제도의 절차 논리에 따른 것이다. 따라서 법관의 상호 평등한 지위는 그대로 인정되는 것이다.

　　다만 재판과 관련된 일을 하는 과정에 있어서 직책에 따른 구분은 있다. 즉 대법원장, 대법관, 고등법원장, 지방법원장, 고등법원 부장판사, 지원장, 지방법원 부장판사, 고등법원 판사, 지방법원 판사 등등이다.

　　그런데 이들은 각각 법률이 정한 경력과 근무성적에 따라 임용 요건이 별도로 정해져 있기 때문에 일반회사나 일반 공무원과 같은 승진이라기보다는 오히려 새로운 임용이라고 봐야 할 것 같다.

- 대법원장과 대법관은 20년 이상 법조경력이 있는 45세 이상의 사람 중에서, 대법원장은 국회의 동의를 얻어 대통령이 임명하고 대법관은 대법관후보추천위원회의 후보 추천을 받아 대법원장의 제청으로 국회의 동의를 얻어 대통령이 임명한다.

- 법원행정처장은 대법관 중에서 대법원장이 임명한다. 법원행정처차장은 판사 중에서 대법원장이 임명한다.
  고등법원장, 사법연수원장, 특허법원장, 법원행정처차장, 지

 법조경력

1. 판사 · 검사 · 변호사로 일한 자
2. 변호사의 자격이 있는 자로서 국가기관, 지방자치단체, 「공공기관의 운영에 관한 법률」 제4조에 따른 공공기관, 그 밖의 법인에서 법률에 관한 사무에 종사한 자
3. 변호사의 자격이 있는 자로서 공인된 대학의 법률학 조교수이상의 직에 있던 자

방법원장, 가정법원장, 행정법원장과 고등법원 및 특허법원
의 부장판사는 15년 이상 법조경력이 있는 자 중에서 법관
인사위원회의 심의를 거쳐 대법관회의의 동의를 얻어 대법
원장이 임명한다.

- 판사는 10년 이상의 법조 경력이 있는 사람 중에서 임용한
  다. 그런데 10년은 너무 길다고 생각하여 5년으로 완화하자
  는 의견도 나와 있다.

판사는 헌법상 10년마다 재임용 심사를 받아 연임할 수 있으며,
국회의 탄핵소추나 금고 이상의 형사처벌을 받지 않는 한 법관직을
유지할 수 있도록 보장되어 있다. 10년의 임기가 만료된 판사는 법관
인사위원회의 심의를 거쳐 대법관회의의 재임용 동의를 받아 대법원
장이 연임 발령을 내면 다시 10년 동안 법관을 할 수 있다.
그러나 다음의 경우에는 대법원장이 연임 발령을 하지 아니한다.

1. 신체 또는 정신상의 장해로 인하여 판사로서 정상적인 직무
   를 수행할 수 없는 경우
2. 근무성적이 현저히 불량하여 판사로서 정상적인 직무를 수
   행할 수 없는 경우
3. 판사로서의 품위를 유지하는 것이 현저히 곤란한 경우

법관 3명, 법무부장관이 추천하는 검사 2명, 대한변호사협회장이 추천하는 변호사 2명을 포함해 총 11명으로 구성되는 법관인사위원회는 신체 또는 정신상의 장애, 근무성적의 현저한 불량, 판사로서의 품위 유지 곤란 등의 사유가 있을 경우에는 연임 부적격자로 판단하여 연임을 대상자를 결정, 해당 판사에게 통보한다.

법관의 근무성적을 평가할 때 사건처리율·처리기간 등과 성실성·청렴성·친절성 등 자질을 상세히 기록해야 하며, 근무성적 평가는 관할 법원장이 담당하고, 평가점수는 비공개가 원칙이다.

 탄핵소추

대통령, 국무총리, 법관, 검사 등 고위공무원이 잘못을 저질렀을 때, 국회에서 그들의 위법을 고발하는 것을 탄핵소추라 한다.

 금고

자유형의 하나로써 교도소에 가두어 두기만 하고 노역은 시키지 않는 것을 말한다.

주요 업무

1 판사의 신분과 업무 원칙

판사는 그 업무를 수행함에 있어서 어느 누구의 간섭이나 지시를 받지 아니하며 오로지 헌법과 법률에 의거하여 양심에 따라 재판하는 독립 기관이다. 그래서 판사의 신분은 특별히 헌법으로 보장하고 있다. 어떠한 정치권력도 판사를 구속하거나 압력을 행사할 수 없도록 한 것이다. 헌법상에 신분을 보장한다는 것은 혹시나 나쁜 마음으로 법률을 고쳐서 특정인들이 재판에 간여하는 것을 사전에 방지하려는 목적이 있는 것이다. 그 만큼 판사의 중립성은 중요한 것이다.

 헌법 제106조 1항

법관은 탄핵 또는 금고 이상의 형의 선고에 의하지 아니하고는 파면되지 아니하며, 징계처분에 의하지 아니하고는 정직 · 감봉 기타 불리한 처분을 받지 아니한다.

동시에 판사의 신분을 경제적으로도 보장하여 금권에 휘둘리지 않고 공정한 재판을 할 수 있도록 배려하고 있다. 그래서 판사의 직무와 품위에 맞는 보수를 지급하도록 별도로 법관의 보수에 관

한 규정을 법률로 정하여 놓았다.

　판사는 이처럼 신분을 보장 받는 한편 다음과 같은 일들을 해서는 안 된다.

- 국회 또는 지방의회의 의원이 되는 일
- 행정부서의 공무원이 되는 일
- 정치운동에 관여하는 일
- 대법원장의 허가 없이 보수 있는 직무에 종사하는 일
- 금전상의 이익을 목적으로 하는 업무에 종사하는 일
- 대법원장의 허가 없이 보수의 유무를 불문하고 국가기관외의 법인 · 단체 등의 고문 · 임원 · 직원 등의 직위에 취임하는 일
- 기타 대법원규칙으로 정하는 일이다.

법관 해외연수

대법원은 법관의 해외연수를 실시하고 있다. 해외연수를 통하여 외국의 사법제도와 외국법에 대한 연구를 함으로써 법률가로서의 전문성을 높이는 한편 더 넓은 식견으로 재판업무를 수행할 수 있는 토대를 구축하는데 그 목적을 두고 있다.

해외연수는 대법원의 지원 하에 외국의 대학, 교육기관, 연구기관 등에서 교육훈련을 받거나 연구활동에 참가하는 것으로 기간은 대체로 10개월에서 1년 정도이며 매년 약 60여 명 정도가 해외연수를 한다.

2 재판의 종류와 업무

재판은 국민 상호간의 분쟁이나 법률을 어긴 범법행위에 대한 국가의 공식적인 심사 결정이나 판단을 말하는데 판사, 원고와 피고 또는 이들의 변호사들이 참여하여 진행한다. 형사사건에 있어서는 국가를 대표하는 검사가 원고가 된다. 판사는 이러한 재판의 중추 역할을 하며 최종적인 판결을 하게 된다.

외형상 재판은 판사라는 직업인에 의하여 이루어지지만 재판의 모든 행위와 결정은 국가가 한 것으로 간주된다. 실제상으로 판사가 하지만 이때 판사는 한 인간이 아니라 하나의 국가기관으로서 역할을 하는 것이다. 그래서 재판의 결과에 대해서는 무조건 따라야 한다. 재판은 그만큼 엄중한 국가적 행위라고 하겠다.

그런데 판사도 사람이다 보니 법률에 대한 생각이나 해석이 다를 수도 있고 간혹 잘못 적용하는 수도 있어서 그로인한 재판 당사자의 피해나 억울함을 방지할 필요가 있다. 그래서 도입한 것이 바로 3심제도이다.

또한 중요한 사건에 대한 재판은 판사 한 사람이 혼자 진행하는 단독심 대신에 3인의 판사가 공동으로 재판하는 합의심을 하도록 한 것 역시 판사 개인의 가치관이나 성향에서 오는 잘못을 최대한 줄이기 위한 것이다.

마찬가지로 변호사나 검사가 재판 과정에 참여하는 것 역시 하나의 사건에 대한 객관적인 분석과 엄격한 법 적용을 위하여 재판 당사자의 상호 반대되는 입장에서 사건을 해석함으로써 재판의 공정함을 기하기 위함이다.

이처럼 재판이 객관적이고 공정하게 이루어짐으로써 국민의 권익을 최대한 보호하면서 공권력에 의한 인권 침해를 최소한 방지하는 것이 현대 법치주의 정신이다. 이러한 정신에 따라 모든 재판은 신속하게 이루어져야 하며 공개적으로 진행되어야 한다는 원칙을 가지고 있다. 하지만 재판을 진행하는 심리과정에 있어서는 공개하는 것이 국가의 안전보장 · 안녕질서 또는 선량한 풍속을 해할 우려가 있는 때에는 결정 선고를 통하여 이를 공개하지 아니할 수 있다.

재판은 최종적으로 판사가 작성하는 재판서로 끝나게 되는데

이 재판서에는 판결의 내용과 그 이유를 적어야 한다. 그리고 이 판결의 내용을 공판정에서 구두로 선고 또는 고지하거나 재판서 등본을 당사자에게 우편으로 송달함으로써 모든 재판 과정이 끝나게 된다.

재판은 소송의 목적이 되는 사실에 따라 여러 가지의 재판이 있으며 재판의 종류에 따라 관할 법원도 달라진다.

■ 민사재판

민사재판이란 개인 간의 경제적 문제 또는 신분적 문제로 인하여 일어난 분쟁을 해결하는 재판이다. 예를 들면 투자를 하거나 어떤 물건을 매입을 하는 과정에서 발생하는 여러 가지 권리 및 분배 문제나 이행 상태 등에 불만이 있어 이의 강제적인 해결을 원할 때 신청하는 재판이다.

또한 공공기관이나 단체가 경제 주체로 개인과 분쟁이 발생했을 때에도 민사재판을 청구할 수 있다.

민사재판은 제3자를 통한 화해나 조정과 달리 당사자의 어느 한쪽이라도 불만을 제기하면 국가가 나서서 강제적으로 법률에 따라 해결하는 송사입니다.

민사재판은 일단 판결이 나면 그 다음 후속조치로 판결의 내용에 대한 강제집행을 통하여 사건을 해결합니다.

민사재판은 전국의 모든 법원에서 관할한다.

2 형사재판

형사재판은 폭행, 절도, 사기, 살인, 방화 등등과 같이 사회질서를 어지럽히고 개인의 권리와 인권을 침해한 범죄행위에 대한 재판으로 법률을 어겼는지, 그 상황은 어떠한 지를 객관적으로 밝혀 범죄자를 처벌하도록 하는 국가의 법률적 행위이다.

이는 누구든지 법률에 의한 재판을 거치지 않고는 처벌할 수 없다는 현대 법치주의 이론에 근거한 것으로 검사가 국가를 대표하여 이 재판을 청구한다.

검사의 이러한 재판 청구를 기소라고 하는데 검사만이 기소할 수 있다. 이를 기소독점주의라 한다.

형사재판이 끝나면 판결에 따라 검사가 형을 집행하든지 석방

한다.

형사재판 역시 전국의 모든 법원에서 관할한다.

> **피의자** : 범죄를 저질렀다고 의심되지만 재판을 아직 받지 않은 상태에 있는 범인
>
> **피고인** : 피의자는 형사재판이 시작되면 피의자에서 피고인이 된다
>
> **범죄자** : 재판에 의해 범죄를 저지른 것이 확정된 범인

3 행정재판

국가기관의 행정 행위나 처분 또는 그의 불이행으로 인하여 국민의 권리나 이익이 침해당하는 것을 구제하고 공법상의 구체적인 권리의무관계 및 법령 적용에 있어서 국가 행정기관과 국민 사이의 분쟁을 해결하는 재판을 말한다.

예전에는 이러한 분쟁이 발생하면 그 대상이 되는 행정기관보다 상위에 있는 행정기관에 그 해결을 청구하는 행정심판제도가 있었지만 오늘날에는 독립된 행정법원이 있어 법률에 특별한 규정이 없는 한 행정법원에서 이러한 일을 전담하여 해결한다. 이로써 행정기관에 의한 권리 오남용으로부터 보다 효율적으로 국민의 권익을 보호할 수 있게 되었다.

그런데 우리나라에는 아직 서울에만 행정법원이 하나 있고 지방에는 없어서 모든 행정재판을 행정법원에서 할 수 없는 상황이다. 서울지역에 있는 행정기관이나 중앙행정기관을 대상으로 한 행

정재판만 행정법원에서 할 수 있고 그 이외의 지역에서 일어나는 행정기관과의 분쟁은 지방법원 본원에서 이루어지는 행정재판을 통하여 해결한다.

4 가사재판

가사재판은 결혼, 이혼, 친자 관계 확인, 입양 등과 같은 가족이나 친족의 신분 관계에 대한 분쟁을 해결하는 재판이다. 원래 민사재판에 속해 있었으나 가족이라는 특수 관계와 가정의 평화나 화목을 위한다는 점에서 특별히 민사재판과 구별하여 일반 법원이 아닌 가정법원이라는 전문법원에서 관할하도록 하고 있다.

주로 혼인·결혼·인지·입양·파양의 무효와 호주승계의 무효 또는 회복, 친생자 관계존부확인, 혼인관계존부확인, 혼인·이혼·인지·입양·파양의 취소, 재판상 이혼, 부(父)의 결정, 친생부인, 재판상 파양 등의 사유로 재판을 청구하는데 가사재판은 재판을 시작하기 전에 법원에 설치된 가사조정위원회의 조정을 먼저 거치도록 하고 있습니다.

이러한 가사재판은 전국에 설치된 5개 지역(서울, 부산, 대구, 광주, 대전)의 가정법원에서 관할한다.

조정 업무

조정이란 분쟁 당사자 사이에 제3자가 중개하여 서로의 양보를 통하여 화해에 이르도록 함으로써 분쟁의 해결을 도모하는 일이다. 재판에 의하지 않고 당사자 간의 분쟁을 신속하고 조화롭게 해결하기 위해 만들어진 제도로 민사나 가사 사건의 경우에 적용된다.

조정을 맡은 판사를 조정담당판사라 하는데 판사가 스스로 조정을 할 수도 있고 조정위원들로 하여금 조정을 하게 할 수 있다.

조정은 지방법원과 지원, 가정법원과 지원, 시법원, 군법원에서 관할하며 관계자가 서면 또는 구두로 신청할 수 있다.

법원 이외의 근무처

1 법원행정처

법원행정처는 법원에 관한 인사, 예산, 회계, 법령 조사, 통계 및 판례 편찬에 관한 사무를 맡아보는 곳이다. 법원행정처장은 대법원장의 지휘를 받아 법원행정처의 모든 사무를 관장하고, 법원의 사법행정사무를 감독하게 된다. 법원행정처 차장은 처장을 보좌하여 법원행정처의 사무를 처리하며 처장은 대법관 중에서, 차장은 판사 중에서 대법원장이 임명한다.

현재 법원행정처에는 기획조정실, 사법지원실, 사법정책실, 행정관리실, 사법등기국, 전산정보관리국, 재판사무국 등 4실 3국과 윤리감사관, 인사총괄심의관, 인사운영심의관, 공보관 및 안전관리관이 있다.

법원행정처 조직과 업무 내용

- 기획조정실 : 사법운영에 관한 기본계획 수립, 국제업무, 사법정보화 체계 관리 및 개발, 예산 요청 · 편성 · 배정, 조직 개혁 수행, 법원 시설관리 등 업무를 담당한다.
- 사법지원실 : 재판절차에 관한 규정 재 · 개정을 비롯하여 민사, 형사, 가사, 도산절차 등 재판제도의 운영 및 개선에 관한 제반 업무를 맡고 있다.
- 사법정책실 : 사법제도, 사법정책 및 중 · 장기 인사정책에 관한 조사 · 연구를 맡는다.
- 행정관리실 : 대법원 시설관리 · 재무 · 법원공무원 관리 등 업무를 담당한다.
- 사법등기국 : 부동산등기 · 상업등기, 가족관계등록, 공탁 등의 업무를 담당한다.
- 전산정보관리국 : 사법정보화 정책 수립 · 예산 · 계약, 사법정보통신망 설치와 운영 등의 업무를 담당한다.
- 재판사무국 : 재판사건 접수, 기록관리, 각급 법원 공무원

에 대한 총괄 감독업무를 맡는다.

- 윤리감사관 : 사법부의 윤리 강화를 위한 제반 업무를 담당
한다.
- 인사총괄심의관 : 법관 인사 업무를, 인사운영심의관은 법
원공무원 인사 업무를 맡는다.
- 공보관 : 법원 홍보 업무를 담당한다.
- 안전관리관 : 국가비상사태에 대비한 제반 계획 수립을 담
당한다.

② 사법연수원

사법연수원은 법관에 대한 연수, 사법연수생에 대한 수습 및 정책연구 업무 등을 담당하는 기관으로 1971년 1월 1일 개원하였다. 사법연수원은 원장 1인, 부원장 1인, 교수 및 강사로 구성되는데 원장은 고등법원장급 판사 중에서 대법원장이 임명한다.

사법연수원장은 대법원장의 지휘를 받아 사법연수원 사무를 관장하며, 소속 직원을 지휘, 감독하며 부원장은 검사장급 검사 중에서 대법원장이 임명하며 원장을 도와서 사법연수원의 사무를 처리한다.

교수는 판사, 검사, 변호사 또는 학위취득자 중에서 대법원장이 임명한다.

사법연수원에서 하는 주요 업무

- **법관 연수**

  법관 연수는 경력별 연수, 분야별 연수, 주제별 연수, 외국어연수, 세미나로 구분되는데, 경력별 연수에는 신임과정 연수(법조경력 신임판사연수, 신임판사 연수, 법무관 출신 신임판사 연수), 직무수행 연수(지원장 연수, 가정지원장 연수, 고법 판사 연수, 단독판사 · 중견법관 · 지법부장판사 연수)가 있다.

- **재판연구원 연수**

재판연구원 연수 역시 사법연수원에서 크게 2단계로 나누어 실시된다.

1단계 연수는 법원과 실무환경에 대한 이해 및 기본적인 실무지식 습득을 위주로, 2단계 연수는 판결서의 논리구조에 대한 이해 등 재판 업무 보조능력을 심화하기 위한 과정으로 구성되어 있다.

■ **사법연수생 수습**

사법연수생 수습은 사법 연수원에서 하는 가장 큰 업무다. 사법연수생은 사법시험에 합격한 자 중에서 대법원장이 임명한다.

사법연수원에서 2년간 수습을 마치면 판사, 검사, 변호사가 될 수 있는 자격을 취득하게 된다. 2년간의 연수 과정에서 사법연수생은 법률이론(일반법 분야, 전문 및 특별법 분야, 외국법), 법률실무(변호사실무, 민사재판실무, 형사재판실무, 검찰실무, 전문분야), 법조윤리, 법학인접분야, 일반교양, 기타 사회발전에 대처하는 새로운 분야 등에 관한 교육을 받는다. 사법연수생은 연수 기간 중 각급 법원·검찰청·변호사회 기타 적절한 기관이나 단체에서 실무수습을 받게 된다.

■ **사법정책 연구**

사법연수원의 연수 및 교육정책을 비롯한 사법부의 중·장기 정책을 연구하고, 국내외 학술연구기관 · 단체와 교류하면서 연구결과를 집적함으로써 재판실무 개선에 활용되도록 하기 위한 사법정책 연구 또한 사법연수원에서 실시된다.

3 법원공무원교육원

법원공무원교육원은 법원공무원 · 집행관 기타 대법원장이 필요하다고 인정하는 헌법재판소 직원, 대한법률구조공단 직원, 가족관계등록관서 공무원 등의 연수 및 양성에 관한 사무를 담당하는 교육기관으로 1979월 9월 1일에 개원하였다.

법원공무원교육원은 원장 1인, 교수 및 강사로 구성된다. 차관급인 원장은 판사나 정무직 공무원 중에서 임명하는데 대법원장의 지휘를 받아 법원공무원교육원 사무를 관장하고, 소속 직원을 지휘 · 감독한다. 교육훈련을 담당하는 교수 및 강사는 법원서기관(교수), 법원사무관(강사)으로 임명된다.

교육과정
교육과정은 연수교육, 직무교육 및 특별교육으로 구분

- 연수교육 : 각 연수과정은 해당 직급에서 요구되는 핵심역량을 집중적으로 육성하기 위한 과목으로 구성되어있다.
- 직무교육은 기본교육과정, 실무교육과정, 전문교육과정으

로 이뤄져있다.

■ **기본교육과정**

법원행정고등고시(5급) 합격자, 9급 공개경쟁채용시험 합격
자와 7급 능력검정시험 합격자를 대상으로 하며, 교육 후
곧바로 업무를 수행할 수 있도록 실제 처리하는 업무와 밀
접한 교육이 마련된다.

■ **실무교육과정**

재직 중인 직원의 실무능력 향상을 위한 보수교육으로서,
초급실무(8,9급), 중급실무(6,7급), 고급실무(5급)로 구성되어
있다.

■ **전문교육과정**

참여관, 등기관, 공탁관 등 법규상 자기 권한으로 직무을
수행하는 5~7급 공무원을 대상으로 하며 이 과정에서는
전문적인 업무 능력을 높이기 위하여 민사소송, 형사소송,
민사신청, 민사집행, 부동산 등기, 상업 등기, 가족관계등
록, 공탁, 도산 등에 관한 교육이 이루어지는데, 강의식 외
에 직무 토론, 사례 발표, 연찬 등의 방식으로 진행한다.

■ 특별교육과정에서는 공탁 · 도산 · 가족관계등록실무를 담

당하는 실무관과 가사조사관 및 가사참여관, 법원경비대원, 집행관, 행정부 소속 가족관계등록관서 담당공무원 등 특정분야 업무담당자를 대상으로 업무수행에 필요한 이론 및 전산교육을 실시하게 된다.

4 사법정책연구원

대법원 산하에 설립된 사법제도와 재판제도 개선을 위한 연구기관인데 원장 1인, 수석연구위원 1인, 그리고 연구위원 및 연구원을 두고 있다. 사법정책연구원장 및 수석연구위원은 판사나 정무직 공무원 중에서 대법원장이 대법관회의의 동의를 거쳐 임명하며 연구위원과 연구원은 판사, 변호사의 자격이 있는 자, 학사나 석사학위 취득자 중 대법원규칙이 정하는 실적이나 경력이 있는 자, 박사학위 취득자 중에서 대법원장이 임명하거나 사법정책연구원의 제청을 받아 대법원장이 임명한다.

사법정책연구원은 앞으로 우리나라 사법부가 시대적 변화에 바람직하게 대응할 수 있는 미래 지향적 사법정책 및 사법상의 문제점에 대한 해결 방안을 연구한다.

또 통일과 관련하여 발생하는 여러 가지 사법상의 제도적 문제와 그 해결책을 연구하고 외국의 사법제도를 비교 분석하여 보다 선진적인 사법체계 수립에 중추적인 역할을 담당한다.

사법정책연구원의 운영과 연구에 관한 중요사항을 심의하기 위하여 사법정책연구원에 운영위원회를 두는데 대법원장이 위촉하는 임기 2년의 위원 9명으로 구성되며 위원 중 과반수는 법관이 아닌 사람이 임명된다.

사법정책연구원은 매년 다음 연도의 연구 추진계획과 해당 연도의 연구실적을 담은 연간 보고서를 발간하고, 이를 국회에 보고하여야 한다.

5 선거관리위원회

선거관리위원회에서 중앙선거관리위원회위원장은 중앙선거관리위원회를 대표하고, 사무를 총괄하며, 소속공무원을 지휘 감독하는 위원회의 장이다. 중앙선거관리위원회위원장은 국회의 인사청문을 거쳐 임명·선출 또는 지명되는데 대법관이 위원장으로 선출되는 것이 관례로 되어 있다. 위원장의 임기는 6년이며, 특정 정당에 가입하거나 정치활동 또는 정치에의 관여를 금지하여 중립성을 유지하고, 헌법과 법률로 임기와 신분을 보장하여 외부의 간섭과 영향을 배제함으로써 공정한 업무를 추진하도록 하고 있다.

법관은 중앙선거관리위원회를 비롯하여 지방선거관리위원회의 위원장 및 위원으로 참여하여 선거와 국민투표의 공정한 관리 및 정당에 관한 사무를 처리한다.

1 **단계별 선거관리위원회의 종류 및 인원**

1. 중앙선거관리위원회 9인

2. 특별시 · 광역시 · 도선거관리위원회 9인

3. 구 · 시 · 군선거관리위원회 9인

4. 읍 · 면 · 동선거관리위원회 7인

2 **선거관리위원회의 주요 업무**

■ 각종선거관리

- 공직선거관리

- 선거비용관리

- 국민투표관리

- 위탁선거관리

- 주민투표관리

- 주민소환투표 관리

- 정당의 당내경선 사무의 관리

■ 정당사무관리

- 정당등록에 관한 사무

- 정책추진에 대한 실적공개 및 정책토론회 개최

- 정책정당으로의 발전과 지원에 관한 사무

■ 정치자금 사무관리

- 후원회등록에 관한 사무
- 후원금 모금 및 기부상황 감독
- 국고보조금 지급 및 지출상황 감독
- 기탁금의 수탁 및 배분
- 정당 및 후원회 등의 회계보고 접수 및 확인 · 조사
- 정치자금 모금지원 및 정치자금 사무처리 지원

■ 민주시민정치교육
- 시민의식 개선을 위한 홍보
- 선거연수원에서의 연수
- 민주주의 해외전파
- 통일대비 민주시민정치교육 준비

■ 선거 · 정치제도 연구
- 국제교류 · 협력
- 선거 · 정치제도 및 선거시스템 연구

보수, 퇴직과 연금

1 보수

법관은 공정한 재판으로 국민의 권익과 인권을 보호하는 법치주의의 수호자다. 따라서 외부의 압력이나 영향력을 받지 않고 오직 법률과 인간의 양심에 따라 판결하는 것이 그 무엇보다도 중요하다. 이를 위하여 어떠한 정치권력도, 어떠한 금권력도 법관의 신분과 지위를 흔들 수 없도록 헌법과 법률로 보호하고 있다.

법관 역시 공무원으로서 경제적인 곤란을 겪지 않도록 적절한 수준의 월급을 수령하고 있다. 일반공무원과는 별도로 구분해 그 직무와 품위를 존중하고 있다.

법관의 보수는 봉급과 수당을 합한 액수로 매월 지급한다. 단, 수당은 그 종류에 따라 지급시기가 다르기 때문에 매월 법관이 수령하는 월급 액수는 다르다.

> 보수(월급) = 봉급 + 봉급조정수당 + 일반 수당

■ 봉급

호봉에 따라 월급의 봉급액이 결정된다. 호봉이 올라가는 것을 승급이라고 한다. 법관의 승급은 호봉에 따라 1호봉 올라가는데

다음과 같은 기간이 소요된다.

법관의 봉급표(2018년 기준)

(월지급액, 단위 : 원)

직 명	호 봉	봉급액
대법원장		11,308,200
대법관		8,009,400
일반법관	17	7,997,600
	16	7,982,300
	15	7,529,500
	14	7,078,800
	13	6,674,500
	12	6,333,400
	11	6,168,900
	10	5,975,400
	9	5,652,000
	8	5,266,800
	7	4,934,500
	6	4,622,800
	5	4,321,900
	4	4,019,000
	3	3,726,300
	2	3,434,200
	1	3,047,900

법관의 승급기관

호봉	소요 기간
1호에서 14호간	1년 9개월
14호에서 16호간	2년
16호에서 17호간	6년

2 수당

■ 봉급조정수당 : 매년 11월에 봉급 조정 수당을 지급

■ 정근수당 : 근무연수에 따라 추가로 지급하는 수당인데 매
년 1월과 7월에 지급.

- 가족수당 : 부양가족이 있는 사람에게 지급, 부양가족의 수는 4명 이내로 한다. 다만, 자녀의 경우에는 부양가족의 수가 4명을 초과하더라도 가족수당을 지급.
- 자녀학비보조수당 : 고등학교에 다니고 있는 자녀가 있는 법관에게 2월(신입생의 경우는 3월), 5월, 8월, 11월에 지급
- 육아휴직수당 : 30일 이상 육아휴직을 신청한 경우 개시일을 기준으로 월봉급액의 40퍼센트에 해당하는 금액을 지급.
  - 육아휴직수당의 상한액 및 하한액은 다음과 같다.
  1. 상한액 : 월 100만원
  2. 하한액 : 월 50만원
- 관리업무수당 : 월봉급액의 9퍼센트를 매월 지급.
- 정액급식비 : 월 13만원의 정액급식비를 매월 지급
- 명절휴가비 : 설날 및 추석날 명절휴가비를 지급. 지급기준일 현재 월봉급액의 60퍼센트를 지급
- 연가보상비 : 연가보상비는 6월 30일 현재 연가잔여일수가 10일 이상인 사람에 대하여 6월 30일과 12월 31일을 기준으로 나누어 지급. 호봉에 따라 보상비 계산 기준 액수가 다름.
- 직급보조비 : 매월 지급 구분표에 따라 직급보조비를 지급

직급보조비 지급 구분표

지급 대상	월 지급액
대법원장	2,250,000
대법관	1,650,000
법조 경력 20년 이상인 법관	950,000
법조 경력 10년 이상인 법관	750,000
법조 경력 10년 미만인 법관	500,000

※ 일반법관 17호봉은 2만원 추가 지급
※ 전용차량이 배정된 일반법관은 20만원 감액

■ 직무성과금 : 직무의 내용·곤란도 및 책임의 정도 등에 따라 지급

3 **사법연수생 월급**

월급 = 봉급 + 봉급 조정 수당 + 정근수당 및 가족 수당

봉급 : 연수 1년차 1,901,000원   연수 2년차 1,986,300원

2 **퇴직**

법관의 퇴직에는 임기가 끝나서 퇴직하는 경우, 혹은 법관의 정년이 되어 퇴직하는 경우 및 재직 중에 스스로 퇴직하는 명예퇴직이 있다.

1 **법관의 임기**

대법원장 : 6년 중임할 수 없음

대법관 : 6년 연임할 수 있음

일반법관 : 10년 연임할 수 있음

2 **법관의 정년**

대법원장 및 대법관 : 70세

판사 : 65세

* 정년 : 더 이상 일을 할 수 없다고 법으로 정해 놓은 나이

3 **명예퇴직과 수당**

20년 이상 법관으로 근무한 자로서 임기 만료 1년 이전에 스스로 사퇴하는 것을 말하며 명예퇴직자에게는 명예퇴직수당을 지급한다. 그러나 고등법원 부장판사급 이상의 법관 및 16호봉 이상인 법관은 제외한다.

명예퇴직수당의 액수는 남아 있는 잔여 임기 기간과 호봉에 따라 계산방법이 다른데 아무리 높은 호봉의 법관이라도 13호봉을 계산 시 최고 호봉으로 한정하고 잔여기간도 7년 이상의 경우에는 7년으로 계산한다.

③ 연금

연금은 퇴직한 뒤, 사망 시까지 일정한 액수의 돈을 월급처럼 지속적으로 받는 것이다. 업무의 종류에 따라 연금은 몇 가지 종류로 나뉜다.

판사는 공무원이므로 '공무원 연금' 가입대상이다. 따라서 모든 판사가 공무원 연금에 가입하는데, 퇴직 후에도 월급처럼 매달 연금을 받으려면 판사로서 20년 이상 근무해야만 한다. 20년 이상 근무하지 않은 사람은 연금을 받지 못한다. 다만 퇴직할 때 판사로 근무한 햇수에 비례하여 일시금을 한꺼번에 수령할 수 있다.

만약 퇴직 후 연금을 받던 판사가 사망하게 되면 판사의 배우자가 본인을 대신해 사망 시까지 계속하여 유족연금을 받을 수 있다. 퇴직 이후의 삶과 노후까지 바람직하게 보장해주는 제도라 할 수 있다.

▣ 퇴직연금

20년 이상 판사로 일을 한 뒤, 정년을 채우고 퇴직할 경우 사망할 때까지 매달 지속적으로 받는 월급을 퇴직연금이라고 한다. 퇴직연금은 판사로서 근무할 때 받는 월급보다는 적은 액수를 받게 된다.

만약 퇴직연금을 받을 사람이 급한 사정이 있어 많은 돈이 필요하다면 본인의 의사에 따라 한꺼번에 퇴직금을 받을 수도 있다.

20년 이상 근무한 자 : 다음 중 하나를 선택할 수 있다

1. 퇴직연금

   죽을 때까지 월급 식으로 매달 퇴직금을 받는다.

2. 퇴직연금일시금

   퇴직 시에 퇴직금을 한꺼번에 모두 다 받는다.

3. 퇴직연금공제일시금

   20년 이상 일한 햇수에 대해서는 한꺼번에 퇴직금을 받고, 나머지에 대해서는 월급처럼 죽을 때까지 받는다. 즉 30년 판사로 일한 경우 20년을 초과한 10년에 대한 퇴직금은 한꺼번에 받고 나머지는 매달 월급 식으로 받게 된다. 이 경우에는 매달 받는 연금의 액수가 적어진다. 따라서 10년 치를 모두 받지 않고, 5년이나 7년 치만 수령할 수도 있다. 얼마만큼의 기간을 적용해 한꺼번에 퇴직금을 받을 것인지는 20년을 초과한 기간 안에서 퇴직자 본인이 결정하면 된다.

또는 퇴직금의 일부는 한꺼번에 받고 나머지는 월급 식으로 받을 수도 있다.

그러나 일한 햇수가 20년이 되지 않는다면 퇴직금은 한꺼번에 수령해야 한다.

2 퇴직수당

1년 이상 판사로 근무한 뒤 퇴직하면 퇴직수당을 별도로 받을 수 있다. 퇴직수당의 액수는 판사로 일한 햇수에 따라 지급 비율이

다르다. 당연히 일한 햇수가 많을수록 보다 높은 비율의 퇴직수당을 받는다.

이처럼 판사로 근무하다가 퇴직하면 퇴직연금과 퇴직수당 등을 받을 수 있다. 비록 금액은 월급보다 적지만, 결코 적은 액수는 아니며 안정적인 노후를 보장받을 수 있다. 판사라는 직업이 가지고 있는 큰 장점이다.

퇴직 후의 진로

판사와 검사는 꽤 많은 나이에 이르러 퇴직하기 때문에 새로운 전문직종으로 나가는 경우는 드물다. 퇴직 후에는 주로 변호사 개업, 기업체 입사(고문 포함), 또는 정치에 입문하기도 한다. 보통 기업체에 입사하든, 정치에 입문하든 변호사업과 겸업을 하는 경우가 대부분이다. 사회단체에서 활동하더라도 변호사를 겸업하는 경우가 흔하다.

퇴직 후 다시 공직으로 들어오는 경우에는 대법관, 헌법재판소 재판관 등으로 일을 하게 될 경우이다.

2011년, 변호사들의 전관예우 관행을 근절하기 위해 법관·검사·군법무관 등이 퇴직 전 1년 전부터 퇴직 시까지 근무한 법원, 검찰청, 군사법원 등의 사건을 맡아 일할 수 없도록 변호사법이 개정됐다. 이는 전관예우라는 관행으로 때문에 공정한 판정이 이루어지지 않는 등 부적절한 상황을 사전에 방지하기 위함이다.

> **전관예우란?**
>
> 높은 직위의 공무원이 퇴직 했을 경우에 그 퇴직한 자에 대하여 다
> 양한 특권을 인정해 주는 행위로 자칫 부정부패로 연결 될 소지가
> 있다.

2 검사

　국가의 근본이 되는 이념이나 질서를 규정하고 있는 헌법과 법령을 수호함으로써 우리 사회의 평화와 국민의 권익 및 안녕을 보호하는 국가 기관이 바로 검사이다. 검사는 사법경찰을 지휘하여 범죄를 수사하고 범죄자를 재판에 회부하여 처벌함으로써 공익과 질서를 보호한다. 그래서 검사는 취임 시에 다음과 같은 선서를 한다.

검사 선서

나는 이 순간 국가와 국민의 부름을 받고
영광스러운 대한민국 검사의 직에 나섭니다.

공익의 대표자로서
정의와 인권을 바로 세우고
범죄로부터 내 이웃과 공동체를 지키라는
막중한 사명을 부여받은 것입니다.

나는
불의의 어둠을 걷어내는 용기 있는 검사,
힘없고 소외된 사람들을 돌보는 따뜻한 검사,
오로지 진실만을 따라가는 공평한 검사,
스스로에게 더 엄격한 바른 검사로서,

처음부터 끝까지 혼신의 힘을 다해
국민을 섬기고 국가에 봉사할 것을
나의 명예를 걸고 굳게 다짐합니다.

년 월 일
검사 ○○○

우리는 일반적으로 검사가 검찰청의 소속 일원으로서 일한다고 생각하지만 사실 검사 개인은 하나의 국가기관이며, 검찰청은 검사가 하는 일을 도와주는 보조기관으로 봐야 한다. 즉 검사 한 사람 한 사람이 모두 독립된 국가의 관청이라는 말이다.

이런 점에서 볼 때 검사는 판사와 똑같은 신분과 지위를 갖는 셈이다. 판사는 사법부 소속이지만, 검사는 행정부 소속이라는 차이점이 있다.

사법부가 무엇을 지키고 방어하는 수동적 성향이라면, 행정부는 무엇을 행하고 공격하는 능동적 성향을 지니고 있다. 사법부는 누가 무엇에 대하여 판단을 요구할 때 비로소 기능하지만 행정부는 누가 무엇이라 하지 않아도 스스로 나서서 실행하고 잘못을 조사한다. 때문에 검사는 사회에 더 적극적인 자세로 개입하며, 자연스럽게 명령체계를 갖게 된다. 이런 까닭으로 검사들은 상급기관이 하급기관에 명령을 할 수 있도록 체계를 갖추어 놓았다.

직급과 승진

계급별로 검사의 직급을 구분하자면 '검찰총장과 검사'로 구분할 수 있다.

그러나 지검장, 차장검사, 부장검사, 지청장, 평검사라는 말을 들어본 적이 있을 것이다. 대부분의 사람들은 이러한 지칭을 검사들의 '계급'이라고 생각하기도 한다. 하지만 이러한 지칭은 검찰 사무를 처리하는 데 있어 필요한 업무상의 체계 혹은 직위일 뿐 계급은 아니다. 검사는 모두 동일한 계급을 갖는다. 즉, 사건을 배당하고 업무를 조절하며 주요 수사를 지휘하는 일을 하는 조직상의 업무 직위가 곧 검사이다. 검사는 검찰사무를 볼 때 소속 상급자의 지휘 · 감독에 따른다. 하지만 검사로서 구체적 사건과 관련한 상급자의 지휘 · 감독의 적법성 또는 정당성에 대하여 이견이 있을 때에는 이의를 제기할 수 있다.

또한 고등검찰청 검사 급 혹은 대검찰청 검사 급 등의 말은 군대나 경찰에서 통용되는 계급이 아닌, 보직을 부여할 때 사용하는 일종의 자격 기준이다.

따라서 검사들에게 승진의 개념은 없다고 봐야 한다. 단지 직책을 맡고 맡지 않고의 차이가 존재할 수 있다. 같은 자격을 갖추고 있더라도 직책을 맡은 검사가 있고, 그렇지 않은 검사가 있는 것이다.

검찰 사무의 최고 감독자는 법무부장관으로 일반적으로 검사를 지휘 감독하며 구체적 사건에 대해서는 검찰총장을 지휘할 수 있다.

검사는 법무부의 검찰인사위원회 심의를 거쳐 법무부장관의 제청으로 대통령이 임명하며 대검찰청, 고등검찰청, 지방검찰청 등에 근무한다.

검찰총장, 대검찰청 검사급 이상의 검사, 고등검찰청 검사급 이상의 검사 및 일반 검사는 다음과 같은 자격자 중에서 법무부장

관의 제청으로 대통령이 임명한다. 검찰총장 이외의 검사에 대해서
는 법무부장관이 검찰총장의 의견을 들어 보직을 제청한다.

- ■ **검찰총장**
  법조 경력 15년 이상의 자 중에서 법무부장관의 제청으로
  국회의 인사청문회를 거쳐 임용하는데 임기는 2년이며 중
  임할 수 없다.
- ■ **고등검찰청 검사장, 대검찰청 차장검사, 대검찰청 검사급
  이상 검사 및 지방검찰청 검사장**
  법조 경력 10년 이상의 자 중에서 임용한다.
- ■ **고등검찰청 검사, 지방검찰청과 지청의 차장검사 · 부장검
  사 및 지청장**
  법조 경력 7년 이상 자 중에서 임용한다.
- ■ **일반 검사**
  사법시험에 합격하여 사법연수원과정을 마친 자나 변호사
  자격이 있는 자 중에서 임용한다.

  다음 중 하나에 해당하는 사람은 검사로 임용될 수 없다.
  1.「국가공무원법」 제33조 각 호의 어느 하나에 해당하는
    사람
  2.금고 이상의 형을 선고받은 사람
  3.탄핵결정에 의하여 파면된 후 5년이 지나지 아니한 사람

국가공무원법

제33조 (결격사유)

다음 각 호의 어느 하나에 해당하는 자는 공무원으로 임용될 수 없다.

1. 피성년후견인 또는 피한정후견인
2. 파산선고를 받고 복권되지 아니한 자
3. 금고 이상의 실형을 선고받고 그 집행이 종료되거나 집행을 받지 아니하기로 확정된 후 5년이 지나지 아니한 자
4. 금고 이상의 형을 선고받고 그 집행유예 기간이 끝난 날부터 2년이 지나지 아니한 자
5. 금고 이상의 형의 선고유예를 받은 경우에 그 선고유예 기간 중에 있는 자
6. 법원의 판결 또는 다른 법률에 따라 자격이 상실되거나 정지된 자
6의2. 공무원으로 재직기간 중 직무와 관련하여 「형법」 제355조 및 제356조에 규정된 죄를 범한 자로서 300만원 이상의 벌금형을 선고받고 그 형이 확정된 후 2년이 지나지 아니한 자
7. 징계로 파면처분을 받은 때부터 5년이 지나지 아니한 자
8. 징계로 해임처분을 받은 때부터 3년이 지나지 아니한 자

피성년후견인과 피한정후견인

질병, 장애, 노령, 그 밖의 사유로 인한 정신적 제약으로 사무를 처리할 능력이 지속적으로 결여된 사람이라고 가정법원에서 심판 받은 자를 피성년후견인이라고 하는데 피한정후견인은 그 정도 덜한 경우에 적용된다.

임명된 검사는 매년 근무 성적을 평가 받는다. 동시에 7년 마다 한 번씩 검사 적격심사를 받는다. 만일 '검사적격심사위원회'에서 검사로서 업무를 수행하는 것이 힘들다고 판단되면, 재적위원 2/3 이상의 의결을 거쳐 법무부장관에게 해당 검사의 퇴직을 건의할 수 있다. 만약 해당 검사의 진술을 거쳐 퇴직 건의가 타당하다고 인정된다면, 법무부장관은 대통령에게 해당 검사의 퇴직명령을 제청하게 된다.

매년 받게 되는 근무성적 평가는 검사들의 보직 및 전보 등 인사 관리에 반영되기 되기 때문에 성실성, 청렴성 및 친절성 등을 포함한 공정한 기준을 근거로 하여 검사로서의 근무 성적과 자질을 평가한다.

하는 일의 성격

1 검사의 신분과 업무 원칙

검사는 각자 국가를 대표하여 검찰권을 행사하는 독립된 행정 관청으로서 사법경찰을 지휘하여 국가의 법질서를 수호하고 공익을 대표하며 국민의 권익을 보호한다. 그러나 검사가 행사하는 공권력은 자칫 잘못 적용되면 오히려 국민의 권리나 인권을 침해하는 경우가 발생할 수 있다. 따라서 검사의 공권력 행사는 엄격하고 정확하며 객관적인 법해석과 그 적용을 통해서만 이루어져야 하고 누구든지 이를 방해하거나 영향력을 미쳐서는 안 된다. 그렇지 않을 경우에는 법치주의라는 이름하에 국민의 권익이 합법적으로 침해당할 수 있기 때문이다.

이에 검사는 탄핵이나 금고 이상의 형을 선고받은 경우를 제외하고는 파면되지 아니하며, 징계처분이나 적격심사에 의하지 아니하고는 해임·면직·정직·감봉·견책 또는 퇴직의 처분을 받지 않는다고 법률로 그 신분을 보장하고 있으며 동시에 정치적 중립을 지키고 주어진 권한을 남용해서는 안 된다는 의무를 부과하고 있다.

검사는 판사와 거의 동일한 신분보장을 받지만 판사는 헌법으로 보장하고 검사는 법률로 보장하고 있는 것이 다르다.

검사는 자신이 소속된 검찰청의 관할 구역 내에서 다음과 같은 일을 한다. 그러나 수사에 필요하다면 관할구역을 벗어나 직무를 수행할 수도 있다.

1. 범죄수사, 공소의 제기 및 그 유지에 필요한 사항
2. 범죄수사에 관한 사법경찰관리 지휘·감독
3. 법원에 대한 법령의 정당한 적용 청구
4. 재판 집행 지휘·감독
5. 국가를 당사자 또는 참가인으로 하는 소송과 행정소송 수행 또는 그 수행에 관한 지휘·감독
6. 다른 법령에 따라 그 권한에 속하는 사항

검사는 재직 중에 다음과 같은 일을 할 수 없다.

1. 국회 또는 지방의회의 의원이 되는 일
2. 정치운동에 관여하는 일
3. 금전상의 이익을 목적으로 하는 업무에 종사하는 일
4. 법무부장관의 허가 없이 보수를 받는 직무에 종사하는 일
5. 대통령비서실에 파견되거나 대통령비서실의 직위를 겸임하는 일

범죄수사를 진행할 때 검사는 사법경찰관리를 지휘 · 감독하는 권한을 갖게 된다. 범죄수사는 보통 인권 침해의 위험이 많은데, 1차적으로 경찰이 수사를 진행하지만 인권 보호 차원에서 검사의 사법적 지휘를 허용하는 것이다. 물론 경찰의 수사 역시 인권 보호를 원칙으로 삼고 있지만 예기치 않은 실수로 인한 인권 침해를 검사라는 또 다른 기관을 통하여 미연에 방지하자는 것이다. 이로써 국민은 이중의 안전장치를 가진 셈이라고 할 수 있다.

검사가 사법경찰을 지휘할 때에는 법률에 따라서 구체적으로 이루어져야 한다. 또 수사의 투명성과 효율성을 높이기 위하여 문서로 하거나 「형사사법절차 전자화 촉진법」에 따른 형사사법정보시스템을 이용해야 한다. 그러나 긴급한 상황 또는 내용이 명확하거나, 현장에서 같이 일을 할 경우에 한해선 직접 말이나 전화로 지휘할 수도 있다.

만일 사법경찰관이 직무 수행과 관련해 부당한 행위를 했다고 판단된다면, 지방검찰청 검사장을 경유하여 해당 경찰관의 교체를 요구할 수 있다.

검사가 사법경찰을 지휘하여 사건을 수사할 때에는 인권을 침해하지 않도록 사건의 제반사항과 사건 관련 증거를 신속하게 수집하고 분석해야 한다.

즉, 검사는 현장을 검증하고 검시를 하며 압수 · 수색 · 체포 및 구속영장을 신청하고, 피의자를 심문하며 관련 증거를 수집한다. 또 관련 법규를 해석 적용하여 재판에 필요한 서류를 작성한 뒤 법원에 재판을 청구한다. 그 뒤 재판의 결과에 따라 상급법원에 항소하던지 피의자를 석방하거나 교도소에 수감한다. 이와 같은 수사과정 속에서 검사는 사법경찰을 통하여 범죄의 혐의가 있는 피의자를 조사하게 되며 그 내용은 다음과 같다.

1. 피의자의 성명 · 나이 · 주민등록번호 · 등록기준지 · 주거 · 직업 및 전과 · 기소유예나 선고유예 등의 처분을 받은 사실 유무, 피의자가 외국인인 때에는 국적 · 주거 · 출생지 · 입국연월일 · 입국목적 및 외국인등록번호, 피의자가 법인 또는 단체인 때에는 명칭 · 상호 · 소재지 · 대표자의 성명 및 주거 · 설립목적 및 그 기구
2. 피의자가 자수하거나 자복하였을 때에는 그 동기와 경위
3. 피의자의 훈장 · 기장 · 포장 · 연금의 유무
4. 피의자의 병역관계
5. 피의자의 환경, 교육, 경력, 가족상황, 재산 정도, 생활수준 및 종교관계
6. 범죄의 동기 · 원인 · 성질 · 일시 · 장소 · 방법 및 결과
7. 피해자의 주거 · 직업 · 성명 및 나이
8. 피의자와 피해자가 친족관계이거나 그 밖의 특수관계인인 경우에는 죄의 성립 여부, 형의 경중(輕重)이 있는 사건에 대

해서는 그 사항

9. 피의자의 처벌로 인하여 그 가정에 미치는 영향

10. 범죄로 인하여 피해자 및 사회에 미치는 영향

11. 피해의 상태, 손해액, 피해 회복의 여부 및 처벌 희망의 유무

12. 피의자에게 이익이 될 만한 사항

13. 위의 각 사항을 증명할 수 있는 자료나 사항

3 민사 업무

검사는 공익을 대변하는 사람이다. 따라서 주로 형사업무를 취급하지만 경우에 따라서는 민사업무에도 관여한다. 민사업무는 성질상 당사자 간의 경제적·신분적 이해관계가 얽혀 있기 때문에 검사의 개입이 불필요하지만, 민사업무라도 공익과 관련되어 있다거나 타인에게 미치는 영향력이 사회문제로 번질 우려가 있는 분야에 대해서는 검사의 개입을 인정하고 있다.

검사가 민사업무에 관여할 수 있는 부분은 다음과 같다.

- **성년후견·한정후견 개시 심판 청구**

  이전의 금치산이나 한정치산 선고가 2013년부터 성년후견인과 한정후견인 제도로 바뀌었다.

이들은 육체적 정신적 장애로 말미암아 독립적으로 정상적인 법률행위를 할 수 없기에 그로 인한 본인의 피해를 줄이고 동시에 상대방의 피해도 줄이고자 이런 제도를 만들었다. 따라서 본인을 비롯한 관련 친족들의 요청에 의하여 이런 후견인 심판이 이루어지지만 사회 공익적 차원에서 검사에게도 이를 청구할 권한을 부여하고 있다.

- **심판청구권**

질병, 장애, 노령, 그 밖의 사유로 인한 정신적 제약으로 사무를 처리할 능력이 지속적으로 결여된 사람에 대하여 본인, 배우자, 4촌 이내의 친족, 미성년후견인, 미성년후견감독인, 한정후견인, 한정후견감독인, 특정후견인, 특정후견감독인, 검사 또는 지방자치단체의 장의 청구에 의하여 가정법원에서 성년후견개시의 심판을 한다.

- **효력**

가정법원의 심판에 의해 피성년후견인이 된 자의 법률행위는 취소할 수 있다. 그러나 가정법원은 여러 가지 상황을 고려하여 피성년후견인의 법률행위라도 취소할 수 없는 범위를 정할 수 있다. 만일 가정법원에서 정한 이 범위가 부당하여 변경할 필요가 있다고 여겨지면 본인, 배우자, 4촌 이내의 친족, 성년후견인, 성년후견감독인, 검사 또는 지방자치단체의 장은 그 범위를 변경을 요청할 수 있다.

그러나 피성년후견인일지라도 그 행위가 본인에게 과도한 피해를 가져오지 않는한 사회 질서 유지 차원에서 취소할 수 없다. 예를 들면 생활에 필요하고 고가가 아닌 일상 생활용품 구입 등의 행위는 취소할 수 없다.

■ **종료심판**

성년후견개시의 원인인 육체적 정신적 제약 요인이 사라진 경우에는 가정법원은 본인, 배우자, 4촌 이내의 친족, 성년 후견인, 성년후견감독인, 검사 또는 지방자치단체의 장의 청구에 의하여 성년후견종료의 심판을 한다.

한정후견은 육체적 정신적 제약 정도가 성인후견의 경우보다 약한 경우에 내려지는 심판으로 피한정후견인은 일정한 법률행위에 있어서는 자기를 법적으로 돌봐주는 후견인의 동의를 받아야 한다. 그 이외의 개시 심판 청구, 행위 범위 변경 청구 및 종료 심판 신청은 성년후견과 같다.

부재자의 재산 관리권

부재자란 생사와 상관없이 살던 곳을 떠나 장기간 행방이 불명확한 사람을 말하는데 이 부재자가 가지고 있던 재산이 다른 사람의 이해관계에 놓일 때 이해관계자(배우자, 상속인, 채권자, 보증인,…)나 또는 검사가 부재자의 재산에 대한 처분을 법원에 청구할 수 있다. 하지만 부재자가 나타난다든지 아니면 부재자가 자신의 재산을 관리할 사람을 정할 경우에는 법원이 즉시 그 처분명령을 취소해야 한다.

부재자의 생사가 5년간(전쟁 또는 사고의 경우에는 1년간) 분명하지 아니한 때에는 법원은 이해관계인이나 검사의 청구에 의하여 실종선고를 하여야 한다.

실종선고를 받으면 사망한 것과 같다. 그러나 생존 사실이 밝혀지면 본인, 이해관계인 또는 검사가 실종선고 취소를 청구해야 한다.

회사의 해산명령 및 외국회사 지점의 폐쇄 명령 청구권

해산명령이란 공공이익이나 사회의 건전한 질서 유지를 위하여 회사의 설립 목적과 행위가 불법적이라고 인정되는 경우에 이해관계인이나 검사의 청구에 의하여 또는 법원의 직권으로 회사의 해산을 명령하는 것을 말하는데 해산명령이 내려지면 행정적 절차 없이 바로 해산해야 한다.

마찬가지로 외국회사의 국내 지점에 대해서도 같은 이유로 폐쇄 명령을 검사가 법원에 청구할 수 있다.

공소는 검사가 법원에 재판을 청구하는 절차적 행위다.

검사가 수사를 하고 증거를 확보하여 법원에 소송을 제기하면 이때부터 재판이 시작된다. 따라서 재판은 검사의 공소 제기가 없으면 할 수 없다.

재판이 시작되면 검사는 국가의 공익을 대변해 위법이나 불법 행위를 한 범죄자에게 법률의 정당한 적용과 처벌을 재판관에게 청구한다. 그러나 법령을 어긴 사실이 있고 재판에 회부할 충분한 증거도 있지만 검사가 다른 사항을 고려해 보았을 때 기소하지 않는 것이 합당하다고 판단한다면 불기소할 수도 있다. 즉 재판을 신청하지 않을 수도 있다.

재판을 신청하지 않는다는 것은 곧 처벌하지 않겠다는 의미인데, 비록 범죄의 요건은 갖고 있지만 사회적 통념 또는 합리적이고 객관적인 정황에 비춰볼 때 기소하지 않는 것이 구체적 정의를 실현하는 것으로 판단된다면 사전에 불필요한 재판을 막는 것이다.

이를 기소편의주의라 하는데, 바로 검사에게 이 권한이 부여되어 있다. 그러나 검사가 자의적으로 판단하거나 국가 정치권력의 개입으로 이 권한을 남용하게 되면 나라 전체의 가치와 법질서가 혼란에 빠질 수도 있다. 따라서 검사의 기소독점 및 기소편의주의는 엄격하게 다루어져야 한다.

검사의 기소유예나 불기소 처분에 불만이 있는 고소인 · 고발인은 고등법원에 항고 또는 재정신청을 함으로써 검사의 자의적인 결정에 대해 항의할 수 있다.

검사는 재판을 청구하면, 해당 재판이 국민 한 사람 한 사람에게 미치는 결과는 실로 엄청나다. 따라서 명확하고 확실한 범죄사실 관계를 입증할 수 있도록 법률상의 모든 요건을 철저하게 갖추어야 한다. 공소시효가 지나진 않았는지, 친고죄인지, 피의자가 미성년자인지 또 심신장애자인지 등등을 면밀히 살펴보고 난 뒤에 공소를 제기해야 한다.

검사가 공소를 제기할 때에는 반드시 문서로 된 공소장을 작성하여 법원에 제출해야 한다. 공소장이 제출되면 그때부터 법원에서 재판을 시작할 수 있다. 검사의 재판 청구가 없으면 판사는 재판을 할 수가 없다. 즉 검사는 재판이라는 법률적 행위를 진행시키는 주체라 할 수 있다.

검사가 공소를 제기한 후 재판심리과정이나 수사의 진전에 따라 다른 증거가 발견되는 등 공소사실 내용이나 법적용 문제를 변경할 필요가 생길 경우, 검사는 법원의 허가를 얻어 공소장을 변경할 수 있다.

또한 공소는 판결이 끝나기 전에 검사가 취소할 수도 있다. 검사가 공소를 취소하면 판사는 공소가 없었던 것으로 결정하여 재판을 종료한다.

따라서 공소업무는 검사에게 가장 중요한 업무라 할 수 있다.

주요 부서와 업무

검찰청의 지위와 업무량에 따라서 부서의 차이가 있지만, 대체로 검사의 부서별 업무는 다음과 같다.

① 중앙수사부

검찰 내 최고 수사부서로 중앙수사부를 줄여서 '중수부'라고 한다. 대검찰청에만 설치되어 있으며 검찰총장의 지시로 고위공직자들의 비리, 권력형 비리 및 대형 경제범죄 등을 수사한다.

중수부에는 검찰총장 지시하는 수사업무를 기획조정하는 수사기획관과 범죄사건을 수사하는 중앙수사과 및 첨단범죄 사건의 수사와 국제수사공조 등의 업무를 담당하는 첨단범죄수사과 등이 있다.

중앙수사부는 1961년 대검 중앙수사국으로 출발해, 1962년 2월 수사국으로 변경된 뒤 1973년 1월 특별수사부로 개편됐다. 현재의 명칭인 중수부는 1981년에 생겼다. 간혹 특별검사제도와 하는 일이 중복되는 경우가 있어 중수부를 폐지하자는 주장이 그 동안 끊이질 않아 2013년에 중수부를 폐지하고 그 역할을 대체할 방안에 대하여 연구하고 있는 중이다.

② 형사부

형사부는 관할 경찰서, 국세청, 철도공사, 소방관서 및 기타 국가기관을 지휘하여 고소 · 고발 · 진정사건 및 이와 관련되는 사건의 수사, 관련된 범죄정보 및 자료의 수집 등 일반적인 형사사건을 처리하는 부서로 주로 다음과 같은 일을 한다.

- 경제, 교통사건, 정보, 진정, 내사, 탄원사건, 학교폭력, 조세 관련 범죄, 금융범죄, 공정거래위반, 환경, 보건, 아동범죄, 여성 관련 범죄, 가정폭력, 안전사고, 화재 관련 범죄, 의약 및 식품 관련 범죄, 건축과 부동산 관련 범죄, 지적재산권 문제, 인권문제, 보험 관련 범죄, 퇴폐 및 사행행위, 범죄예방 등등

③ 강력부

범죄 중 조직범죄나 마약 관련 범죄 등과 같이 사회에 중대한 해악을 끼치는 범죄와 관련한 일을 전담 처리하며 다음과 같은 일을 한다.

- 마약과 마약사건에 관한 지휘 감독 및 분석, 마약류 범죄예

방 및 단속에 관한 종합계획 수립, 마약수사공조를 위한 국제회의 개최 및 참가, 범죄인 인도 및 마약수사 관련 정보 공유, 피해자 인권과 범죄 피해자 지원, 증인 및 내부고발자 보호에 관한 사항, 강력·마약사건과 관련된 정보 및 자료의 수집, 강력사건 및 이와 관련되는 사건의 수사, 조직폭력사건 등등

④ 공안부

공안부는 사회와 공공의 안녕과 질서를 유지하기 위한 업무를 담당하는 부서로 다음과 같은 일을 한다.

- 대공사건, 사회단체 및 종교단체 관련 공안사건이나 집단

행동 관련사건, 선거법 위반, 노동 관련사건, 학원 관련사건, 테러사건, 출입국 관련사건, 남북교류협력관련 사건, 보안관찰법에 의한 보안관찰처분에 관한 사항, 노동정세의 조사 등등

5 특별수사부

특수부라고 줄여 부르기도 하는데 검사장이 지정하는 범죄사건을 담당하여 수사하고, 그와 관련된 정보와 자료를 수집하는 일을 한다.

- 검사장이 명하는 범죄 사건의 수사, 범죄 정보 수집 · 분석 및 관리, 공무원 범죄, 기업비리, 법조비리, 첨단범죄의 수사 및 처리, 부정부패, 지역사회의 구조적 비리 등등

6 공판부

공판부는 재판과 관련된 업무와 형의 집행 및 보호처분에 관한 사항을 전담하는 부서로서 다음과 같은 일을 한다.

- 공판에 관한 사항, 형의 집행에 관한 사항, 상소에 관한 사항, 판례의 조사·연구에 관한 사항, 사면·감형 및 복권에 관한 사항, 범죄인의 인도에 관한 사항, 형사보상금의 지급에 관한 사항, 범죄피해구조심의회의 운영에 관한 사항, 국민참여재판, 국가소송, 행정소송에 관한 사항, 형의 정지에 관한 사항, 자유형미집행자 검거, 보석, 집행유예, 보호관찰 업무 등등

⑦ 외사부

관할 경찰서 외사과나 세관 등을 지휘하여 외국인 또는 외국인과 관련된 사건의 수사 및 처리에 관한 사항을 담당하며 관세, 외환 및 국제 범죄와 관련된 사건 수사, 이와 관련된 범죄정보 및 자료의 수집하는 일을 한다.

⑧ 첨단 범죄수사부

검사장이 지정하는 첨단범죄사건의 수사 및 처리에 관한 사항, 이와 관련된 정보 및 자료의 수집·정비에 관한 사항 및 컴퓨터 등 정보처리장치 및 정보통신매체와 관련된 증거자료에 대한 압수·수색 및 분석에 관한 일을 전담한다.

9 감찰부

대검찰청 설치 부서로 검찰 내의 비리와 업무상의 문제들을
감시, 평가하는 일을 한다.

- 사정업무, 검찰공무원의 비위에 관한 정보 수집, 인권침해에
  관한 사항, 사무 감사, 기강 감사, 사건 평정에 관한 사항 등등

보수, 퇴직과 연금

1 보수

검사 역시 국민의 권익을 보호하고 국가 사회의 안녕과 질서를 수호한
다는 측면에서 판사와 대동소이한 신분상의 지위를 가진다. 따라서 검사의
보수도 판사에 준하여 지급하도록 하고 있다.

검사의 보수는 봉급과 수당을 합한 액수로 매월 지급한다. 단, 수당은 종
류에 따라 지급시기가 다르기 때문에 매월 받는 월급 액수는 다를 수 있다.

보수(월급) = 봉급 + 봉급조정수당 + 일반 수당

1 봉급

검사의 봉급은 판사처럼 일반공무원과 달리 별도의 검사 봉급
표에 의해 지급되는데 호봉에 따라 액수가 다르다. 호봉은 월급을
지급할 때 기준이 되며 일정한 기간이 지나면 자동으로 급수가 올
라간다. 이를 승급이라 하는데 1호봉 승급하는데 다음과 같은 기간
이 소요된다.

검사의 봉급표(2018년 기준)

(월지급액, 단위 : 원)

직 명	호 봉	봉급액
검찰총장		8,009,400
	17	7,997,600
	16	7,982,300
	15	7,529,500
	14	7,078,800
	13	6,674,500
	12	6,333,400
	11	6,168,900
	10	5,975,400
검찰총장 외의 검사	9	5,652,000
	8	5,266,800
	7	4,934,500
	6	4,622,800
	5	4,321,900
	4	4,019,000
	3	3,726,300
	2	3,434,200
	1	3,047,900

검사의 승급기간

호봉	소요 기간
16호 ~ 17호	재직 6년 이상
14호 ~ 16호	재직 2년 이상
1호 ~ 14호	재직 1년 9개월 이상

② 수당

수당은 봉급 이외에 여러 가지 조건에 따라 추가적으로 지급하는 급여인데 매월 지급하는 종류가 다르다.

다음은 검사에게 지급되는 수당의 종류이다.

- 봉급조정수당 : 매년 11월에 봉급 조정 수당을 추가 지급
- 정근수당 : 모든 검사에게 근무연수에 따라 매년 1월과 7월에 지급.
- 가족수당 : 부양가족이 있는 사람에게 지급, 부양가족의 수는 4명 이내로 한다. 다만, 자녀의 경우에는 부양가족의 수가 4명을 초과하더라도 가족수당을 지급.
- 자녀학비보조수당 : 고등학교에 다니고 있는 자녀가 있는 법관에게 2월(신입생의 경우는 3월), 5월, 8월, 11월에 지급
- 육아휴직수당 : 30일 이상 육아휴직을 신청한 경우 개시일을 기준으로 월봉급액의 40퍼센트에 해당하는 금액을 지급.
- 육아휴직수당의 상한액 및 하한액은 다음과 같다.
  1. 상한액 : 월 100만원
  2. 하한액 : 월 50만원
- 관리업무수당 : 월봉급액의 9퍼센트를 매월 지급.
- 수사지도수당
  • 검찰총장과 법조경력 30년 이상의 검사 : 월 40만원 이하

- 법조경력 20년 이상의 검사 : 월 20만원 이하
- 법조경력 10년 이상인 검사 : 월 15만원 이하
- 법조경력 10년 미만인 검사 : 월 10만원 이하

■ 정액급식비 : 월 13만원의 정액급식비를 매월 지급

■ 명절휴가비 : 설날 및 추석날 명절휴가비를 지급. 지급기준일 현재 월봉급액의 60퍼센트를 지급

■ 연가보상비 : 17호봉 이하의 검사에게 지급하는 연가보상비는 6월 30일 현재 연가잔여일수가 10일 이상인 사람에 대하여 6월 30일과 12월 31일을 기준으로 나누어 지급.

  * 호봉에 따라 보상비 계산 기준 액수가 다름.

■ 직급보조비 : 매월 지급 구분표에 따라 직급보조비를 지급

직급보조비 지급구분표(제11조의9 관련)

지급대상	월지급액	비고
검찰총장	1,650,000원	1. 검사 17호봉은 2만원을 가산한다. 2.「공용차량 관리 규정」제4조 제2항에 따라 전용차량이 배정되는 검사는 20만원을 감액한다.
법조경력 20년 이상인 검사	950,000원	
법조경력 10년 이상인 검사	750,000원	
법조경력 10년 미만인 검사	500,000원	

■ 직무성과금 : 15호봉 이하의 검사에게 직무의 내용 · 곤란도 및 책임의 정도 등에 따라 연 2회 지급하는 수당

휴직 기간 중의 보수

- 질병요양을 위하여 휴직한 검사에게는 휴직 기간 중 봉급의 80 퍼센트를 지급
- 공무상 질병으로 그 요양을 위하여 휴직한 경우에는 휴직 기간 중 보수 전액을 지급
- 국내외의 법률연구기관이나 대학 등에서 법률연수를 하기 위하여 휴직한 검사에게는 휴직 기간 중 봉급의 50퍼센트를 지급
- 기타 휴직의 경우에는 휴직 기간 중 봉급을 지급하지 아니한다.

2 퇴직과 연금

검찰총장의 정년은 65세이며, 고 검사의 정년은 63세로 검사의 퇴직과 연금에 관한 사항은 판사와 대동소이함으로 참조하기 바란다.

퇴직 후의 진로

퇴직 후에는 판사와 마찬가지로 변호사로 개업을 할 수도 있으며 국제 변호사, 기업체에 입사하여 법률 고문 등의 일을 맡을 수 있다. 정치가의 길을 걸을 수도 있으며 주로 법률관계 업무를 하게 된다.

변호사는 당사자는 물론 그 밖의 관계인의 위임, 국가 · 지방 자치단체와 그 밖의 공공기관(이하 "공공기관"이라 한다)의 위촉에 따라 소송과 관련된 행위 및 행정처분의 청구에 관한 대리행위와 일반 법률 사무를 처리하는 법률 전문가다. 이들은 독립적으로 자유롭게 업무를 수행 하고 있다.

변호사 업무를 하고 싶다면 먼저 개인 법률사무소나 법무법인 또는 법무조합을 설립해야한다. 혹은 다른 사람들이 설립한 법무법인이나 법무조합에 취직할 수도 있다.

우리나라에서 변호사들이 일반적으로 활동하는 형태는 개인

변호사 윤리강령

- 변호사는 기본적 인권의 옹호와 사회정의의 실현을 사명으로 한다.
- 변호사는 성실 공정하게 직무를 수행하며 명예와 품위를 보전한다.
- 변호사는 법의 생활화운동에 헌신함으로써 국가와 사회에 봉사한다.
- 변호사는 용기와 예지와 창의를 바탕으로 법률문화향상에 공헌한다.
- 변호사는 민주적 기본질서의 확립에 힘쓰며 부정과 불의를 배격한다.
- 변호사는 우애와 신의를 존중하며, 상부상조 협동정신을 발휘한다.
- 변호사는 국제 법조간의 친선을 도모함으로써 세계평화에 기여한다.

법률사무소를 설립하는 것이다. 그러나 현재 법률시장이 외국에 개방되면서, 경쟁력 강화 차원의 대형 법무법인을 설립하는 경우도 많아졌다. 따라서 개인 활동보다는 법무법인에 소속되어 활동하는 변호사들의 숫자가 늘어나고 있다.

활동 형태

1 개인 변호사 법률사무소 설립

개인 법률사무소를 설립하려면 먼저 설립하려는 자가 변호사 자격이 있어야 한다. 변호사 자격이 없는 사람이 변호사를 고용하여 법률사무소를 만들 수는 없다. 따라서 반드시 변호사 자격을 갖춘 자만이 법률사무소를 운영할 수 있으며 그 자격은 다음과 같다.

- 사법시험에 합격하여 사법연수원의 과정을 마친 자
- 판사나 검사의 자격이 있는 자
- 변호사시험에 합격한 자

그러나 2017년 이후 사법시험 폐지가 되어 학력 제한이 없는 즉, 사법시험을 통한 법조계 진출은 사실상 끝났다. 법학전문대학원을 통해서만 법조계 진출이 가능하게 되었다. 그러나 현재로서는 이 제도가 명확히 정착되지 않아 법조계 입문 과정의 변화는 미지수라고 할 수 있다.

또한 현재 법학전문대학원을 졸업하고 변호사 시험에 합격한 이들은 사법시험에 합격하여 사법연수원 과정을 마친 이들과 달리 바로 변호사 개업을 할 수 없다. 이들이 변호사업을 시작하려면 먼저 6개월 이상 법률사무 관련기관이나 대한변호사협회에서 일을 하거나 연수를 받아야 한다. 또 이들은 개인 법률사무소를 설립할 때 위와 같은 경력에 대한 증명서류를 제출해야 한다.

이상의 자격자들이 변호사 개업을 하기 위해서는 지방변호사회를 거쳐 대한변호사협회에 등록해야 한다. 변호사 사무실은 등록한 지방변호사회 관할 지역 내에서 설립해야 한다.

지방변호사회는 지방법원이 설립되어 있는 구역별로 1개 씩 있으며 지방변호사회가 연합해 대한변호사협회를 구성한다.

* 서울특별시에는 지방법원이 여러 개 있지만 지방변호사회는 1개만 설립

지방변호사회나 대한변호사협회는 독립된 법인으로서 정부기관이 아님에도 불구하고 법무부장관의 감독을 받는다. 따라서 변호사 징계 등에 대해 대법원이나 행정부에서 관여할 수 있다. 법조윤리위원회 뿐만 아니라 대한변호사협회와는 별도의 법무부 변호사징계위원회를 설치 운영하고 있다.

따라서 변호사는 비록 개인적으로 활동하게 되더라도 공적인 신분을 가지고 있음을 자각해야 한다. 또한 변호사는 소속 지방변호사회, 대한변호사협회 및 법무부장관의 감독을 받는다.

개인 법률사무소 개업 변호사 현황

구분	2003년	2007년	2010년	2012년	2018년
개업 변호사수	5,586	8,143	10,263	12,532	20,553

② 법률서비스회사 설립 또는 취업

변호사가 개인 법률사무소를 개설하지 않을 경우 법률서비스회사를 설립하거나 혹은 그와 동등한 자격의 회사에 취직해 변호

사 활동을 할 수 있다.

요즘은 변호사 수가 많아지고 외국 변호사 회사도 유입되고 있어 변호사 세계의 경쟁력도 치열해지고 있다. 따라서 변호사들은 자신의 경쟁력을 높이기 위해 개인 법률사무소보다는 법무법인 형태의 회사를 만들어 운영하는 추세이며 그 규모도 갈수록 커지고 있다. 로펌이란 바로 이러한 법률서비스회사를 말하는데, 적게는 수십 명 많게는 수백 명의 변호사를 고용하여 각 분야 별 전문 영역을 내세워 활약하고 있다. 이에 따라 전문분야별로 변호사들이 나뉘어 조직적인 법률 서비스를 제공할 수 있게 되었으며 단 한 번의 사건 의뢰로 고객이 추구하는 바를 보다 효율적으로 처리할 수 있게 되었다. 법률시장의 서비스 제공 체계가 한 단계 향상되었다고 평가할 수 있는 셈이다.

변호사들이 모여 합동으로 세울 수 있는 법률서비스회사는 세 가지 종류가 있는데 법무법인, 유한법무법인 그리고 법무조합이다.

이들은 공통적으로 지방변호사회와 대한변호사협회를 통하여 법무부장관의 인가를 받아 법률서비스회사를 설립하고, 다른 변호사를 고용할 수 있다. 그러나 설립 요건에 약간의 차이가 있다.

1 법무법인회사

- 설립 : 법조경력이 합쳐서 5년 이상인 변호사 1인을 포함하여 3인 이상의 변호사가 공동으로 설립

- 업무 형태 : 사건을 맡을 경우에는 변호사 개인이 아닌 회사 이름으로 수임하기 때문에 책임도 회사가 진다. 즉 회사를 세운 변호사들이 공동으로 책임을 진다는 것이다. 단 법무법인 회사에 고용된 변호사는 그러하지 않다.

2 유한법무법인회사

- 설립 : 법조경력이 합쳐서 10년 이상인 변호사 2인을 포함하여 7인 이상의 변호사가 공동으로 설립. 단, 총 자본금이 5억원 이상이어야 함.

- 업무 형태 : 사건을 맡을 경우에 담당변호사를 지정하여야 하며 담당변호사를 지휘 · 감독하는 변호사를 회사를 설립한 변호사 중에서 지정해야 한다. 담당변호사는 회사를 설립한 변호사가 아니고 회사에 취직한 고용변호사를 말한다.

만일 맡은 사건과 관련해 손해를 배상할 책임이 발생할 경우, 법무법인과 달리 자기가 출자한 액수 내에서만 책임을 진다. 이 때 담당변호사도 함께 책임을 져야 한다.

이런 측면에서 볼 때 유한법무법인회사는 변호사들이 근무하기에 보다 유리한 조건을 갖추고 있다. 때문에 법률시장이 외국에 개방되어 우리나라 변호사들의 국제적 경쟁력을 높이는데 많은 도움이 되고 있다.

3 법무조합회사

- 설립 : 법조경력이 합쳐서 10년 이상인 변호사 2인을 포함하여 7인 이상의 변호사가 공동으로 설립
- 업무 형태 : 유한법무법인회사처럼 자본금의 액수를 정해 놓지 않아 비교적 설립이 용이한 편이지만, 책임이 더 무거운 편이다. 담당변호사가 실수나 고의에 의하여 손해를 배상할 책임이 생길 경우 담당변호사는 물론 그를 지휘·감독해야 할 회사 설립 변호사도 책임을 져야 한다는 점은 유한법률회사와 같다. 그러나 법무조합회사는 담당변호사를 지휘·감독해야할 변호사 이외의 회사 설립 변호사도 규정된 비율에 따라 손해를 배상할 책임을 가진다는 점이 다르다.

지방변호사회와 대한변호사협회는 법무부 장관의 감독을 받는다. 지방법원 관할 구역마다 법조윤리협의기구를 둔다. 징계의

종류는 영구제명, 제명, 3년 이하의 정직, 3000만원 이하의 과태료 · 견책으로 한다. 대한변호사협회와 법무부에 각각 변호사징계위원회를 둔다.

3 국선변호인

국선변호사란 법원이 가지고 있는 권리로 피고인의 이익을 위하여 선임하는 변호인으로, 개인이 의뢰하는 일반 변호인과 대립되는 개념이다.

우리나라 헌법은 형사피고인이 스스로 변호인을 구할 수 없는 경우에 국가가 변호인을 붙여주고 있다.

피고인이 구속된 때, 미성년자 · 70세 이상의 노인 · 농아자 · 심신장애자의 의심이 있는 때, 사형, 무기 또는 3년 이상의 징역이나 금고에 해당하는 사건으로 기소된 때 만약 변호인이 없다면 법원은 직권으로 변호인을 선정한다. 또 경제적 어려움을 비롯한 여러 가지 이유로 피고인이 변호사를 선임하지 못할 경우에도 법원은 피고인이 청구에 한해 변호인을 선정한다.

또한 피고인의 연령 · 지능 및 교육 정도 등을 참작하여 권리보호가 필요하다고 인정할 경우 피고인의 명시적 의사에 벗어나지 않는 범위 안에서 변호인을 선정하게 된다. 이는 법원이나 검찰이 아무리 공익을 위한 기관이라고 해도 범죄의 예방과 처벌이라는 일방적인 법 해석과 적용으로 피고인의 권익 침해를 막으려는 것이다. 즉 피고인의 입장에서 피고인의 권익을 최대한 보호할 필요성이 있다고 판단하는 것이다. 따라서 여러 가지 상황에 의하여 피고인이 변호사를 선임하지 못한 경우에 한해 국가에서 피고인을 위한 변호사를 선임하여 준다. 이를 국선변호인이라고 한다.

형사소송법 제282조는 사형 무기 또는 징역 3년 이상의 법정형이 내려지는 사건을 '필요적 변호' 사건으로 분류하고 있는데, 반드시 변호인이 출석한 상태에서 재판을 진행하도록 규정하고 있다. 법정형이 징역 3년 이상인 사건에서 변호인이 없거나 선임된 사선변호인(개인이 의뢰한 변호사)이 재판도중 불출석 또는 퇴정했을 때에 피고인의 변호를 위해 재판장이 직권으로 국선변호인을 선임하기도 한다.

국선변호인은 법원의 관할구역 안에 사무소를 둔 변호사, 그 관할구역 안에서 근무하는 '공익법무관에 관한 법률'에 의한 공익법무관 또는 그 관할구역 내에서 수습 중인 사법연수생 중에서 선정한다. 그러나 이 사항에 해당되는 사람이 없거나 기타 부득이한 경우에 한해 인접한 법원의 관할구역 안에 사무소를 둔 변호사, 그 관할구역 안에서 근무하는 공익법무관 또는 그 관할구역 안에서 수습 중인 사법연수생 중에서 선정할 수 있다.

국선변호인은 피고인 또는 피의자마다 1인을 선정한다. 단, 사건의 특수성에 비추어 필요하다고 인정한 때에는 1인의 피고인 또는 피의자에게 수인의 국선변호인을 선정할 수 있다.

한편, 현재의 국선변호제도는 그 혜택을 받는 대상 범위가 충분하지 못한 편이다. 사선변호에 비하여 변론의 질이 상당히 떨어지는 문제점이 있다. 이에 따라 국선변호인의 양적 확대, 국선변호의 질적 향상, 국선변호 관련 예산 증액의 확보 등이 논의되고 있다.

4 국선전담변호사

기존의 국선변호인 제도가 가지고 있던 변론의 질적 하향 문제를 해결하기 위하여 2003년 12월 5일 전국법원장회의에서 '국선전담변호사' 제도를 도입하기로 했으며, 2004년 9월 국내에선 최초로 실시되었다.

국선전담변호사가 국선변호를 맡는 것은 일반 국선변호사와 다르지 않다. 그러나 국선전담변호사는 국선변호 밖에 할 수 없으며 이 점이 일반 국선변호사와 다르다. 일반 국선변호사는 사선변호(개인의 의뢰를 받아 하는 변호 업무)도 하면서 국선 변호도 할 수 있지만 국선전담변호사는 오로지 법원에서 시키는 국선변호 업무만 한다. 대신 법원으로부터 일정한 보수를 월급의 형태로 매달 수령한다. 일반 국선변호인이 국선변호 건 당 일정액의 수당을 받는 것과 다르다.

지금은 전국의 모든 법원을 대상으로 국선전담변호사를 법원행정처에서 일괄 선정하는데 보통 2년의 계약 기간 동안 월 800만 원 정도를 받으면서 매달 40여건의 변호업무를 한다.

업무량에 비하면 결코 많지 않은 월급이지만 법학전문대학원 출신 변호사들이 많아지면서 경력 쌓기 등 여러 가지 사정으로 국선전담변호사 선정 경쟁률은 갈수록 높아지고 있다.

그 결과 국선변호인에 대한 국민의 일반적인 불신을 씻는 효과를 거두고 있다고 한다.

2018년 현재 전국 4개 고등법원, 18개 지방법원과 6개 지원에서 국선전담변호사가 활동하고 있다.

주요 업무

1 소송 관련 업무

변호사가 맡아서 하는 일반소송업무에는 여러 가지가 있다. 대체적으로 민사·형사사건 및 가사사건, 행정사건, 가압류, 가처분사건 등과 같은 사건에서 소송대리 및 변호, 중재, 조정, 자문 등의 제반 법률문제에 대하여 법률서비스를 제공한다.

민사소송사건, 조정사건, 비송사건, 행정소송사건 등에 있어서 변호사는 사건 당사자나 관공서의 의뢰나 위촉을 받아 사건을 조사하고 증거를 확보하여 법 논리에 따라 관련 서류를 작성하여 소송 등을 제기하거나 취하, 조정, 이의, 화해 등의 절차를 행하는 업무를 수행한다.

변호사는 재판의 진행과 상관없이 의뢰인의 권리 보장을 위하여 분쟁 상대방과 합의를 유도하며 합의 결과에 따라 재판을 신속히 마무리 할 수도 있다.

형사소송사건에서는 사건과 관련하여 의뢰받은 피고인 또는 피의자 등과의 접견, 관계서류 또는 증거물의 열람 및 등사, 구속 취소 또는 보석과 증거 보존의 청구, 구속영장실질심사 및 구속적 부심의 청구, 법원이 행하는 증인 심문과 감정에 참여하는 등의 업무를 수행한다. 또한 재판 과정에 참여하여 전문적인 법률지식을 활용하여 증인을 신문하고 증거를 제출함으로써 의뢰인에게 유리한 변론을 하고, 판결·결정에 불복하는 경우에는 심급에 따라 항소·상고 등의 절차를 밟는다.

변호사는 또한 이러한 소송과 관련된 각종 서류를 작성하여 법원을 비롯한 관계기관에 제출하고, 증인, 검증·감정, 사실조회 신청, 증거 신청 등을 하기도 한다.

② 법률사무 대행 업무

변호사는 개인이나 법인 또는 공공기관을 대신하여 법률사무를 처리할 수 있는데 대표적으로 특허 관련 업무, 출입국민원 대행

업무, 등기 등이 있다.

특허업무에 있어 변호사는 변리사와 같은 일을 할 수 있으며, 특허분쟁이 발생할 경우 그 소송을 대행하기도 한다.

국제화시대에 지적재산권 문제가 중요한 사회문제로 부각되면서 우리나라도 특허 관련 업무를 전문적으로 취급하는 특허전문 변호사제도를 도입할 준비를 하고 있지만, 기존의 변리사나 변호사들과의 마찰이 기다리고 있는 상황이다. 특허문제는 법률적인 문제들을 비롯해 첨예하게 대립될 수 있는 기술적인 문제를 포함하기 때문에 국제 특허분쟁에 있어서는 보다 전문기술적인 지식을 갖춘 변호사가 경쟁력이 있다고 보기 때문이다.

출입국 민원 대행 업무는 우리나라 출입국기관의 민원 처리 시스템에 익숙하지 못한 외국인의 편의를 위해 신빙성 있는 기관이 외국인을 대신하여 출입국 관련 각종 허가신청 또는 신고 업무를 대행해주는 일로서 최근에 제도화 되었다.

변호사는 변호사 업무 관할 지역의 출입국기관에 사전에 등록함으로써 이러한 일을 대행 할 수 있다.

등기의 경우 주로 법무사들을 통해 많이 이루어지고 있지만 변호사도 부동산 관련 등기, 상속등기, 법인설립등기 등 모든 등기 업무를 대행할 수 있다.

3 **공증 업무**

　　일상생활에서 발생하는 법률적 관계에서 증거를 보존하고 권리자의 권리 행사를 담보하기 위해 어떤 사실이나 내용 또는 법률적 관계를 증명해주는 제도이다. 따라서 공증제도는 당사자 간의 권리 의무 관계를 법적으로 명확히 함으로써 불필요한 분쟁을 사전에 예방하고, 설혹 분쟁이 발생하더라도 신속하게 해결할 수 있도록 권리의 존재에 대한 법적 증거력을 부여한다. 따라서 공증업무는 국가의 공무에 해당하며 공증문서를 함부로 고치면 공문서위조죄가 성립한다.

　　우리나라에서 변호사가 공증업무를 할 수 있게 된것은 1971년부터이며 그 이전에는 공증인으로 임명된 자만이 공증업무를 수행하였다.

　　변호사들은 다음과 같은 증서들을 공증해준다.

1 법률행위에 관한 공정증서
2 사실실험에 관한 공정증서
3 일반인들이 상호간에 작성한 문서, 정관, 의사록 인증
4 집행문 부여
5 거절증서 작성
6 확정일자
7 유언

변호사 전문분야 등록제

대한변호사협회는 변호사 업무와 관련하여 전문분야를 등록하고 관리함으로써 변호사에 대한 국민의 신뢰를 높이고 각 업무 분야의 전문성을 극대화하기 위해 변호사 전문분야 등록제를 만들었다.

전문분야를 등록하고 싶은 변호사는 자신의 전문성을 증명할 수 있는 자료를 첨부하여 대한변호사협회에 제출하면 전문분야등록심사위원회는 신청자의 학력이나 경력 및 활동 상황에 대한 자료를 검토한 뒤 등록증을 교부한다.

전문분야는 최대한 2분야만 신청할 수 있고 5년간 유효하다.

- 현재 변호사가 등록할 수 있는 전문분야는 총 36개이다.
  가사법, 건설법, 공정거래법, 국제거래법, 국제중재법, 금융법, 기업인수합병, 노동법, 도산법, 등기사무, 무역법, 민사법, 방송통신법, 보험법, 부동산관련법, 상사법, 상표법, 손해배상법, 스포츠법, 에너지법, 엔터테인먼트법, 의료법, 임대차관련법, 저작권법, 조선관련법, 조세법, 중재법, 증권법, 특허법, 해상법, 행정법, 헌법재정판, 형사법, 환경법, 회사법, IT법 등

변호사의 의무와 징계

변호사는 개인으로 활동하더라도 하는 일의 공익성에 비추어 공공기관에 버금가는 투명성, 공공성과 업무상의 윤리가 요구된다.

따라서 변호사는 매년 1월 말까지 전년도에 처리한 수임사건의 건수와 수임액을 소속 지방변호사회에 보고하여야 한다. 또 재판에 영향을 미칠 수 있는 연고나 인적관계를 선전하여 사건을 맡을 수 없으며, 자신이 근무하던 기관과 관계된 사건은 퇴임 후 1년 동안 맡지 못하도록 하고 있다. 이외에도 변호사 아닌 자와의 동업, 사건유치 목적의 출입 등을 금지하며, 공무원 겸직을 제한한다. 변호사의 의무는 법으로 지정되어 있다.

변호사가 지켜야할 의무

1 품위유지의무

변호사는 그 품위를 손상하는 행위를 하여서는 아니 된다.

변호사는 그 직무를 수행할 때에 진실을 은폐하거나 거짓 진술을 하여서는 아니 된다.

2 회칙준수의무

변호사는 소속 지방변호사회와 대한변호사협회의 회칙을 지켜야 한다.

3 비밀유지의무

변호사 또는 변호사이었던 자는 그 직무상 알게 된 비밀을 누설하여서는 아니 된다.

4 공익활동 등 지정업무 처리의무

변호사는 연간 일정 시간 이상 공익활동에 종사하여야 한다.

변호사는 법령에 따라 공공기관, 대한변호사협회 또는 소속 지방변호사회가 지정한 업무를 처리하여야 한다.

공익활동의 범위와 그 시행 방법 등에 관하여 필요한 사항은 대한변호사협회가 정한다.

　변호사가 변호사법을 위반하던지 변호사협회 회칙을 지키지 않을 경우 및 변호사 업무와 관련하여 금고 이상의 형벌을 2회 이상 받거나 변호사의 품위를 손상 시켰을 때에는 징계를 받는다. 변호사 징계는 대한변호사협회와 법무부에 설치된 징계위원회에서 결정하는데 징계의 종류는 다음과 같다.

　1. 영구제명
　2. 제명
　3. 3년 이하의 정직
　4. 3천만 원 이하의 과태료
　5. 견책

보수

　국선전담변호사는 초봉 월급이 800만원이며, 경력 1년이 지나 재임용이 될 경우, 800~850만원 정도를 받는다.

　일반 변호사는 초봉 개념이 없으며 판사나 검사로 일을 하다가 변호사로 전직하게 되면 상당히 많은 수입을 갖게 되는데 이는 변호사 개인의 역량에 따라 달라진다.

　그러나 판사나 검사를 거치지 않고 바로 변호사 일을 하는 경우에는 명성을 얻기까지는 수입이 많지 않은 편이다. 수많은 법학 전문대학원 졸업생들이 배출되고 있는 현실에 비춰볼 때 모든 변호사가 높은 소득을 보장 받을 수는 없을 것이다.

PART3

군법무관

군법무관의 자격과 그 임명에 관하여는 〈군법무관임용법〉이 규정하고 있으며, 사법시험에 합격하여 사법연수원의 소정과정을 필한 자, 판사·검사 또는 변호사의 자격이 있는 자, 군법무관 임용시험에 합격하여 군법무관시보로서 소정과목의 실무수습을 마치고 실무고시에 합격한 자 중에서 임명한다. 우리가 일반적으로 군법무관이라고 말할 때는 육군, 공군, 해군의 법무과 장교를 말하는 것으로 군판사와 군검찰관을 통칭한다.

1

군사법제도
군사법제도의 의의 ··· 154

군사법원 ··· 155

군검찰관 ··· 158

2

군법무관 임용
단기 법무관 ··· 161

장기 법무관 ··· 162

3

군법무관의 주요 업무
법무관 ·· 163

검찰관 ·· 166

군사법경찰과 군검찰관 ··· 167

4

군법무관 보수 ··· 168

5

퇴직과 연금 ··· 170

6

퇴직 후의 진로 ··· 171

군사법제도

1

군사법제도의 의의

군 사법제도란 군대에 속하는 모든 사람들에게 일반법으로 우선 적용하는 실체법과 절차법을 모두 포함해 적용하는 개념이다.

군대는 전쟁이라는 특수 상황을 전제로 하는 조직 집단이라서 무엇보다도 신속하고 엄격한 재판을 치르며 이를 통해 군기를 확립해야 할 필요가 있다. 이에 별도의 군사법원조직과 체계를 규정하고 있는 것이 군 사법제도이다.

우리나라 군 사법제도는 해방 이후 미군정 당시의 '군법회의'로부터 출발하여 1954년에는 헌법적 근거를 부여받았으며 1986년에 군법회의가 '군사법원'으로 명칭이 바뀌면서 군사재판을 관할할

군사법원의 조직 · 권한 · 재판관의 자격 및 심판절차와 군검찰의 조직 · 권한 및 수사절차를 규정하기에 이르렀다.

군사법원은 군형법에 규정된 자와 포로에 대한 재판권을 가지며, 계엄법에 의한 재판권 및 군사기밀보호법의 죄와 그 미수범에 대한 재판권을 가지는 형사특별법원으로 민사문제는 다루지 않는다. 그리고 군사법원의 내부 규율과 사무처리에 관한 군사법원규칙은 대법원이 군법무관회의의 의결을 거쳐 제정한다.

군형법은 1962년 1월 20일에 제정 · 시행된 특별법으로 군인, 군무원, 군적을 가진 군사학교의 학생 · 생도, 사관후보생, 부사관후보생 및 소집되어 복무 중인 예비역 · 보충역 · 제2국민역 등에 적용되며 일반 형법에 우선한다. 민간인의 경우에도 내외국인을 막론하고 군사에 관한 간첩죄, 유해음식물 공급죄, 초병(哨兵)에 대한 폭행 등의 범죄를 저지르면 군형법에 따라 군사법원에서 재판한다.

군사법원

군사법원은 고등군사법원과 보통군사법원으로 나누어진다. 고등군사법원은 국방부에, 보통군사법원은 국방부 · 국방부직할통합부대 · 각 군 본부 및 편제상 장관급 장교가 지휘하는 부대에 설치한다.

군사법원에는 관할관을 두는데, 이 관할관은 군사법원의 행정 사무를 지휘 감독하며 군사법원의 판결에 대하여 해당 사안을 조사한 뒤 군대의 특수성을 감안하여 형을 감경하기도 한다. 고등군사법원의 관할관은 국방부장관으로 하며 보통군사법원의 관할관은 그 설치되는 부대와 지역의 사령관·장 또는 책임지휘관으로 한다.

대법원은 고등군사법원판결의 상고사건에 대하여 심판하며 계엄지역에 있어서는 국방부장관이 지정하는 군사법원이 계엄법에 의한 재판권을 가진다.

고등 군사법원은 관할대상을 국방부·육·해·공군의 보통군사법원에서 항소한 사건, 고등법원 또는 지방법원 항소부에서 이송한 사건으로 하고 있다.

군사법원의 재판관은 군판사와 심판관으로 구성되며, 국방부 보통군사법원과 고등군사법원의 군판사는 국방부장관이, 각 군 보통군사법원의 군판사는 각 군 참모총장 또는 국방부 장관이 소속 군법무관 중에서 임명한다. 심판관은 관할관이 법에 관한 소양이 있고 재판관으로서 인격과 학식이 충분한 장교 중에서 임명하는데 군판사가 부족한 시대에 도입된 제도로 오늘날 군 지휘관이 군 사법절차에 개입할 가능성이 있다하여 다소 문제의 소지가 되기도 한다.

고등군사법원은 군판사 3인을 재판관으로 하나, 관할관이 지정하는 사건인 경우 군판사 3인과 심판관 2인을 재판관으로 한다.

상고는 판결을 받은 선고일로부터 7일 이내 대법원에 상고할 수 있다.

군사법원 정식재판 진행절차는 아래와 같이 이루어진다.

진술거부권 고지 → 인정신문 → 모두절차(검찰관, 피고인, 변호인) → 쟁점 정리(증거관계 진술) → 증거 조사 → 피고인 신문 → 검찰관 구형 및 의견 진술 → 변호인 변론 → 피고인 최후 진술 → 판결 선고

고등 군사법원은 재판공개의 원칙을 가진다. 군사재판이 병영 내에 있는 법정에서 실시되므로 일반인의 방청이 불가능한 것으로 생각하기 쉬우나, 헌법상 보장된 피고인의 공개재판을 받을 권리와 재판의 심리와 판결 공개 원칙에 따라 피고인의 가족과 방청을 희망하는 사람은 군사재판을 방청할 수 있다.

보통군사법원은 재판관은 1인 또는 3인으로 구성되는데 3인일 때는 군판사 2인과 심판관 1인으로 이루어진다. 심판관은 군사법원법의 고유한 제도로서 관할관(군사법원이 설치된 부대의 장)이 군사재판에 있어서 군의 특수성을 고려하여 군사지식과 경험이 풍부하고 법률에 소양이 있는 장교 중에서 임명하게 된다. 군판사는 변호사의 자격이 있는 군법무관 중에서 임명되며, 국방부 소속 군판사는 국방부 장관이 임명하고 각 군 소속 군판사는 각 군 참모 총장이 임명함이 원칙이나 국방부 장관이 임명할 수도 있다.

군사법원에 기소된 모든 피고인은 국선 변호인의 조력을 받을 수 있다.

항소는 관할관 확인서를 송달받은 날로부터 7일 이내에 1심판결 군사법원에 하여야 하며, 항소기간이 지나거나 항소를 포기할 경우 형이 확정된다.

군검찰관

군검찰부는 고등검찰부와 보통검찰부로 하고, 고등검찰부는 국방부와 각 군 본부에, 보통검찰부는 보통군사법원이 설치되어 있는 부대와 편제상 장관급 장교가 지휘하는 부대에 설치한다.

검찰관은 각 군 참모총장이 소속 군법무관 중에서 임명한다.

국방부장관은 군검찰사무의 최고감독자로서 일반적으로 검찰관을 지휘 · 감독하며, 구체적 사건에 관하여는 각 군 참모총장만을 지휘 · 감독한다. 각 군 참모총장은 각 군의 검찰사무를 통할하며, 소속검찰관을 지휘 · 감독한다.

군검찰부가 설치되어 있는 부대의 장은 소관 군검찰사무를 관장하고 소속 검찰관을 지휘 · 감독한다.

검찰관은 해당 군검찰부가 설치되어 있는 부대의 장에게 소속되며 검찰수사관을 지휘하여 범죄를 수사하며 그 직무는 다음 각 호와 같다.

1. 범죄 수사와 공소제기 및 그 유지에 필요한 행위

2. 군사법원 재판집행의 지휘 · 감독

3. 다른 법령에 따라 그 권한에 속하는 사항

군검찰관은 검사가 사법경찰을 지휘하여 수사하는 것과 달리 군사법경찰에 대한 지휘권이 없다.

군법무관 임용

2

군법무관의 자격과 그 임명에 관하여는 〈군법무관임용법〉이 규정하고 있으며, 사법시험에 합격하여 사법연수원의 소정과정을 필한 자, 판사·검사 또는 변호사의 자격이 있는 자, 군법무관 임용 시험에 합격하여 군법무관시보로서 소정과목의 실무수습을 마치고 실무고시에 합격한 자 중에서 임명한다.

일반적으로 군법무관이라고 말할 때는 육군, 공군, 해군의 법무과 장교를 뜻하며 군판사와 군검찰관을 통칭한다.

군법무관은 해당 관할관의 임명을 받아 군법회의의 판사나 검찰관이 되며 군법회의의 직권에 의하여 국선변호인으로도 될 수 있다.

군법무관은 임용 시부터 변호사의 자격을 가지는데 사법시험 합격 후 사법연수원 과정을 마친 자나 법학전문대학원 졸업 후 변호사 시험 합격자 중에서 병역의무를 마치지 않은 자를 대상으로 선발하는 단기법무관과 10년간 군법무관으로 복무할 장기법무관으로 구분하여 선발하며 9주간의 군사교육을 받은 뒤 각각 중위와 대위로 임관한다.

단기 법무관

단기 군법무관은 3년간 복무한다. 2017년 이후에는 사법고시가 폐지되기 때문에, 2018년부터 법학전문대학원 졸업 후 변호사 시험 합격자만 대상으로 하게 된다.

단기 군법무관은 병역 미필자를 대상으로 선발하는데 사법고시 시험이 폐지되기 전까지는 사법연수원 성적이 우수한 순으로 선발하며 법학전문대학원 출신자들은 지원자 중에서 추첨으로 선발한다.

단기 법무관은 중위로 임관하여 대위로 제대한다.

장기 법무관

　　장기법무관은 10년간 군법무관으로 복무할 사람이 지원한다. 이들은 병역 의무를 이행하기 위함이 아니라 법무관을 직업으로 생각하는 사람들이다.

　　이 경우에도 사법고시 합격 후 사법연수원을 수료한 자는 연수원 성적과 면접으로 선발하지만 법학전문대학원 졸업 후 변호사시험에 합격한 자는 대학원 학점과 별도의 선발시험 및 면접으로 선발한다.

　　선발시험은 형사 · 행정 소송 분야에 대한 사례중심 서술형 평가 및 법률적 쟁점, 결과 도출 및 이유 작성 등으로 치러지며 면접시험은 법률분야에 대한 군법무관으로서의 직무능력 평가를 묻는 직무역량평가, 특정주제에 대한 답변을 통한 국가관 · 공직관을 평가하는 조직역량평가로 실시된다. 인성검사 · 평가는 인성검사 결과를 바탕으로 군인으로서의 직무적합성을 평가한다.

　　장기 법무관에 지원하려면 임관 예정일을 기준으로 하여 32세 이하여야 하는데 군필자의 경우에는 복무 기간에 따라 1~3세까지 연령 상한이 늘어난다.

　　장기 법무관은 대위로 임관하며 5년 되는 해에 전역할 수 있는 기회가 한번 주어지며 계속 근무할 경우 자신의 능력에 따라 장군까지 진급할 수 있다.

3

군법무관의 주요 업무

법무관

　　보통 육군의 경우 사단, 공군의 경우 비행단, 해군의 경우 함대에 법무실이 있으며 법무실 내에 검찰부와 심판부가 있다. 검찰부는 해군의 경우, 해군 제○함대 보통검찰부가 되고 심판부의 경우 해군 제○함대 보통군사법원이 된다. 보통 군법무관이 함대 및 사단 별로 수 십 명이 있는 것은 아니기 때문에 법무실 소속 군법무관이 서로 영역을 나누어 검찰관 또는 재판관으로 근무를 서게 된다.

　　군판사가 될 경우에는 각 사단 함대에 설치된 보통 군사법원에서 재판관 역할을 하는 것이 비슷하긴 하지만 주심판사를 재판관이 아닌 인사참모나 작전참모 등 비 법무관이 본다는 점이 일반 판사와는 확연하게 다르다.

군법무관은 군사법원의 군판사, 그리고 군검찰부의 검찰관으로 임명될 수 있다. 즉 군판사로 임명된 군법무관은 군사법원의 재판관으로서 보통군사법원과 고등군사법원을 주재하며, 헌법과 법률에 따라 독립하여 심판한다.

군법무관은 임관되는 순간부터 공익의 보호를 위해 일하며 경우에 따라 군사 외교관으로의 역할을 수행하기도 한다. 군법무관의 군사외교분야에 대한 참여는 국군의 해외파병에 따른 작전지원에 한정되었으나 최근에는 각종 해양문제, 남북문제, 대미문제까지 넓혀지고 있다. 특히 국방부에는 군사조약업무를 전담하는 법무관이 배치되어 실제 협상에서 적극적으로 참여하고 있다. 또한 국제평화 유지를 위한 활동에도 UN군의 일원으로 참가하여 전쟁으로 고통받는 국가와 재건지원을 법률적으로 지원하고 다른 UN군 법무장교들과도 국제적 교류를 통한 업무를 하게 된다.

군법무관의 임무

- 군사법원장(군법무관이 담당할 수 있는 지휘관 보직으로 대대장 이상의 대우를 받는다.)
- 군사법원 관할보좌(법무참모)
- 군사법원 운영(검찰, 심판업무처리)
- 군 사법행정 · 행형 · 집행업무 수행
- 국가배상업무 · 국가소송업무 수행
- 법령연구 · 범죄예방업무(군법교육 법률상담 및 법률구제) 인권옹호업무 수행
- 군내 각종 법률 유관분야 업무(징계, 관재, 계약, 법제, 인사, 군정)지원 및 수행
- 계엄시 계엄군사법원 운영

    단기 군법무관 외에도 군복무를 대신해 법조 업무를 하는 공익 법무관이라는 직위가 있다. 공익 법무관이 하는 일은 크게 두 가지로 나눌 수 있는데, 하나는 국가송무업무로서 해당검찰청에 보직되어 국가소송 사건을 지휘하게 된다. 둘째는 법률구조업무로서 변호사의 자격을 갖추고 대한법률구조공단에 의뢰된 사건을 소송대리하는 것이다. 법률구조공단 변호사라고 이해하면 된다.

검찰관

검찰관은 군대 내의 범죄를 수사하고 군사법원에 공소를 제기하는 일 등을 주요 직무로 하는 군검찰부 소속의 검찰기관이다. 그리고 군검찰부는 군사법원에서 검찰관의 사무를 통할하는 기관으로 일반 검찰청에 해당한다.

군검찰부는 고등검찰부와 보통검찰부로 나누어진다. 고등검찰부는 국방부와 각 군 본부에, 보통검찰부는 보통군사법원이 설치되어 있는 부대와 편제상 장관급 장교가 지휘하는 부대에 두도록 되어 있다. 일반적으로 군검찰부는 각 군사법원에 대응하여 설치되며 군사법원의 관할에 따르도록 되어 있다. 그래서 각 군사법원의 관할관은 소관 군검찰사무도 관장하며, 소속 검찰관을 지휘·감독한다.

검찰관으로 임명된 군법무관은 그의 직권으로

① 공소제기와 그 유지에 필요한 행위,

② 군사법원의 재판집행의 지휘감독,

③ 다른 법령에 의하여 그 권한에 속하는 사항을 관장한다. 군법무관의 대우는 법관 및 검사의 대우에 준한다.

군사법경찰과 군검찰관

　　군검찰관이 하는 일이 군대 내의 검찰이라면 군사법경찰관은 헌병이라고 볼 수 있다. 그러나 일반 사회에서 처럼 군검찰관이 군사법경찰관을 지휘하지는 못한다. 즉 군법무관과 헌병은 별개의 독립된 기관으로 각자 그 역할이 나누어져 있다. 따라서 군검찰은 기소권과 수사권을 가지고 있고 헌병은 수사권만 가진다. 군검찰이 수사를 할 때는 군검찰수사관을 지휘하여 수사하며 군사법경찰인 헌병을 직접 지휘하지는 않는다.

　　군사법경찰관은 다음의 직무를 행한다.

- 군과 관련된 범죄의 예방 · 진압 및 수사
- 군 주요 요인 경비 · 요인 경호
- 범죄 정보의 수집 · 작성 및 배포
- 훈련 및 실전 간 교통의 지원과 위해의 방지
- 기타 군기 유지를 위해 필요한 제반 사항

4

군법무관
보수

월급은 모두 판검사 수준으로 지급된다.

장기복무를 지원하는 군법무관은 대위로 임관하지만 3년 이내에 소령으로 진급할 수 있고 임관 10년차 이전에 중령 진급 심사 대상자가 되어 업무 수준에 맞는 보수와 직위를 보장받을 수 있다.

그리고 3년 이상 장기 복무 법무관에게는 본봉의 40%에 해당하는 군법무관 수당을 지급하고 있어 같은 계급은 물론이고 다른 공조직에 근무하는 공무원과 비교해도 적지 않은 보수를 지급받는다.

군법무관 역시 보수는 본봉과 본봉조정수당 이외에 여러 가지

수당을 받으며 수당의 종류에 따라 지급하는 시기가 다름으로 인하여 매달 받는 월급의 액수가 다르다.

수당의 종류와 지급액을 검사의 경우를 참조하기 바란다.

5
퇴직과 연금

군인 정년	
■ 소장 : 59세	■ 준장 : 58세
■ 대령 : 56세	■ 중령 : 53세
■ 소령 : 45세	
■ 대위, 중위, 소위 : 43세	

근속 정년
■ 대령 : 35년
■ 중령 : 32년
■ 소령 : 24년
■ 대위, 중위, 소위 : 15년

　　20년 이상 근무하고 퇴역한 법무관에게는 군인연금법에 따라 퇴역연금과 퇴직수당 등이 지급되며 그 액수는 20년 이상 복무할 경우 안정적인 연금수혜자가 될 뿐만 아니라 각종 복지혜택으로서 군관사 또는 전세자금지원, 전국 각지의 군체력단련장(골프장) 및 군 휴양시설을 저렴한 가격에 이용할 수 있다는 점을 현금가치로 환산한다면 다른 공조직이나 사회급여 수준에 비해 좋은 처우다.

6 퇴직 후의 진로

변호사가 되거나 법무부 공무원으로 일할 수도 있다.

2011년 전관예우 관행을 근절하기 위해 퇴직 법관 · 검사 · 군 법무관 등이 퇴직 전 1년 전부터 퇴직 시까지 근무한 법원, 검찰청, 군사법원 등의 사건을 수임할 수 없도록 변호사법을 개정했다.

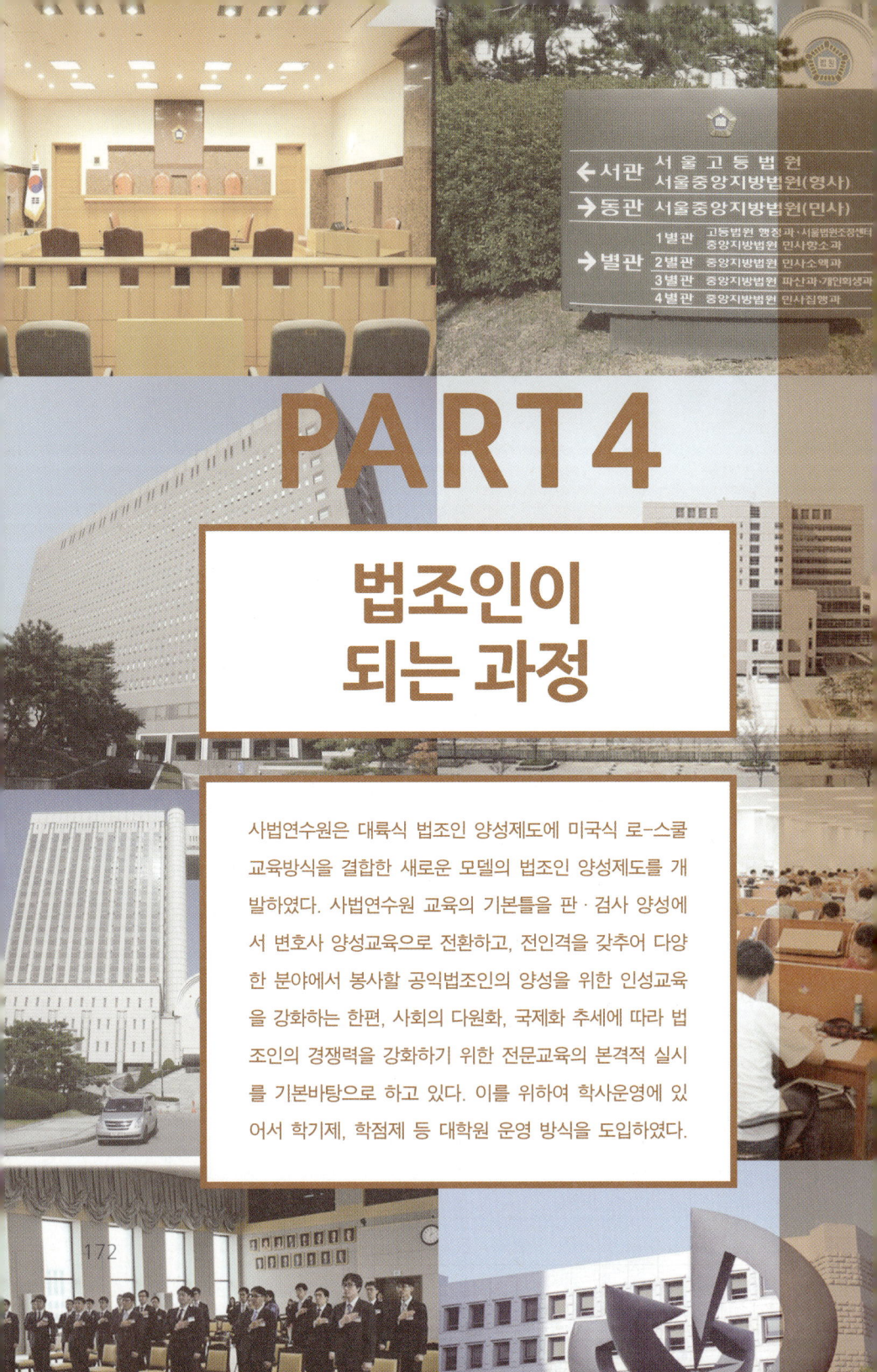

PART4

법조인이 되는 과정

사법연수원은 대륙식 법조인 양성제도에 미국식 로-스쿨 교육방식을 결합한 새로운 모델의 법조인 양성제도를 개발하였다. 사법연수원 교육의 기본틀을 판·검사 양성에서 변호사 양성교육으로 전환하고, 전인격을 갖추어 다양한 분야에서 봉사할 공익법조인의 양성을 위한 인성교육을 강화하는 한편, 사회의 다원화, 국제화 추세에 따라 법조인의 경쟁력을 강화하기 위한 전문교육의 본격적 실시를 기본바탕으로 하고 있다. 이를 위하여 학사운영에 있어서 학기제, 학점제 등 대학원 운영 방식을 도입하였다.

1

법학전문대학원(로스쿨)

입학 ··· 176

교육과정 ·· 178

변호사 시험 ·· 182

실습 ··· 185

2

외국의 법조인 양성 과정

미국 ··· 188

일본 ··· 189

프랑스 ·· 191

독일 ··· 192

1

법학전문대학원 (로스쿨)

법학전문대학원은 3년 과정의 법조인 양성을 목표로 세워졌다. 2007년 7월 3일 관련 법률 통과로 2009년에 법학대학원이 처음 문을 열었다. 국제화 다원화 시대에 맞는 다양하고 전문화된 법조 인력을 양성하여 법률 서비스의 질을 향상시키는 것을 목적으로 설립되었다.

법학전문대학원 현황 (시.도별)

- **서울특별시**
  건국대 40명, 경희대 60명, 고려대 120명, 서강대 40명, 서울대 150명, 서울시립대 50명, 성균관대 120명, 연세대 120명, 이화여대 100명, 중앙대 50명, 한국외대 50명, 한양대 100명
- **인천광역시**
  인하대 50명
- **경기도**
  아주대 50명
- **강원도**
  강원대 40명
- **부산광역시**
  동아대 80명, 부산대 120명

- **대구광역시**
  경북대 120명
- **경상북도**
  영남대 70명
- **광주광역시**
  전남대 120명
- **전라북도**
  원광대 60명, 전북대 80명
- **대전광역시**
  충남대학교 100명
- **충청북도**
  충북대학교 70명
- **제주특별자치도**
  제주대학교 40명
- * 총 2000여명

입학

　대학 이상의 학력을 가진 사람이 법학전문대학원에 입학해 3년간 수학한 후 시험을 통과하면 변호사가 되는 방법이다. 법률전문대학원에 입학하기 위해서는 법학적성검사(LEET), 학부성적(GPA), 공인외국어 시험점수가 요구되며, 논술이나 면접, 사회활동 및 봉사활동 경력 등을 요구하는 학교도 있으며, 세부적인 내용은 각 대학의 재량에 따라 달라진다.

1　자격

　「법학전문대학원 설치 · 운영에 관한 법률」제22조에 따라 '학사학위를 가지고 있는 자 또는 법령에 의하여 이와 동등 이상 학력이 있다고 인정된 자'와 '졸업예정자(학위취득 예정자 포함)'이다.

시험영역

1　언어이해

- 언어이해 영역은 다양한 분야의 학문적 소재를 활용하여 법학전문대학원 교육에 필요한 언어 이해 능력, 의사 소통 능력 및 종합적인 사고 능력을 측정하는 시험.
- 특정 전공영역에 대한 세부 지식이 없더라도 대학 교육과정을 정상적으로 마쳤거나, 마칠 예정인 수험생이면 주어

법학적성시험

법학적성시험(Legal Education Eligibility Test : LEET)은 법학전문대학원 교육을 이수하는 데 필요한 수학 능력과 법조인으로서 지녀야 할 기본적 소양과 잠재적인 적성을 가지고 있는가를 측정하는 시험이다. 법학전문대학원 입학 전형에서 적격자 선발 기능을 제고하고, 법학 교육 발전을 도모하는 데 목적이 있다.

연 1회, 전국 9개 지구에서 실시

• 서울, 수원, 부산, 대구, 광주, 전주, 대전, 춘천, 제주 (9개 지구)

진 자료에 제공된 정보와 종합적 사고력을 활용하여 문제를 해결할 수 있도록 문항을 구성함.

■ 인문, 사회, 과학 · 기술, 규범학(법학 포함), 문학 · 예술 분야의 다양한 주제를 다루는 제시문에 기초한 문항만을 출제함으로써 종합적인 독해 능력과 사고력 측정에 집중함.

2 **추리논증**

■ 추리논증 영역은 사실이나 견해 또는 정책이나 실천적 의사결정 등을 다루는 일상적 소재와 다양한 분야의 학문적인 소재를 활용하여 법학전문대학원 교육에 필요한 추리능력과 논증능력을 측정하는 시험.

3 논술

- 논술 영역은 다양한 분야의 소재를 활용하여 예비 법조인 으로서 갖춰야 할 분석적 · 종합적 사고력과 논리적글쓰기 능력을 측정하는 시험.

 공인영어 평가

- 현재 인정받는 공인영어시험으로 토익, 텝스, 토플 그리고 몇몇 대학에 서는 G-TELP, FLEX, IELTS 등을 인정해준다. 서울대는 텝스와 토플 만을 인정하며, 그 외 24개 대학은 텝스와 토익, 토플을 인정한다.
- 제2외국어 가산점을 받을 수 있다. 중국어(HSK), 프랑스어(DELF), 일 본어(JPT) 등이 인정 대상이며 한자능력시험을 인정해주는 곳도 있다. DELE(스페인어), TORFL(러시아어) 등을 인정해주기도 한다.

교육과정

법학전문대학원은 3년 과정이다.

중앙대학교 법학전문대학원의 커리큘럼 예시

1학년 교과과정

1. 법률 기본과목

1) 공법계 : 헌법

2) 민사법계 : 민법, 기업법 기초, 회사법, 민사소송법

2. 실무과목

1) 실무기초 : 법정 보조사

2) 실무심화

3) 실무보조 : 협상론, 법률가를 위한 기업회계

3. 기초법과 외국법 과목

1) 기초이론 : 법철학

2) 인접과목

3) 외국 비교법

4 .전문. 첨단과목

1) 공법

2) 민사법

3) 형사법

4) 국제 거래법

5) 국제공법 : 국제법

6) 노동사회법

7) 경제법

8) 세법

9) 환경생명법

10) 문화법/특성화 : 지적재산법

2학년 교과과정

1. 법률 기본과목

1) 공법계 : 행정소송법, 행정법

2) 민사법계 : 민법, 회사법, 회사소송법, 민사법종합, 어음수표법

3) 형사법계 : 형사소송법

2. 실무과목

1) 실무기초 : 법조윤리, 법문서작성, 실습과정

2) 실무심화 : 형사재판실무, 검찰실무

3) 실무보조 : 법률통계조사분석, 설득심리학

3. 기초법. 외국법 과목

1) 기초이론 : 법학방법론

2) 인접 과목 : 법과 경제

3) 외국 비교법 : 일본법개론

4. 전문. 첨단과목

1) 공법 : 경제헌법, 토지공법

2) 민사법 : 현대계약법, 민사책임법, 보험해상법, 증권법

3) 형사법 : 형법판례연구, 형사소송법판례 연구

4) 국제거래법 : 국제거래법, 국제사법과 국제소송

5) 국제 공법 : 국제법실무, 국제경제법

6) 노동사회법 : 개별적근로관계법, 집단적 근로관계법

7) 경제법 : 독점규제법, 소비자법

8) 세법 : 소득세법, 법인세법

9) 환경생명법 : 환경법, 자연자원법

10) 문화법/특성화 : 지적재산법, 저작권법, IP소송법, 언론법

3학년 교과과정

1. 법률 기본과목

  1) 공법계 : 공법 종합

  2) 민사법계 : 민사법 종합

  3) 형사법계 : 형사법 종합

2. 실무과목

  1) 실무기초 : 실습과정

  2) 실무심화 : 민사재판실무, 검찰실무, 리걸클리닉, 변호사 실무 등

  3) 실무보조 : 협상론

3. 기초법. 외국법 과목

  1) 기초이론 : 법제사, 법사회학

  2) 인접과목 : 남북한 관계법

  3) 외국 비교법 : 유럽연합법, 중국법, 북한 통일법 세미나 등

4. 전문. 첨단과목

  1) 공법 : 소수자인권법, 비교헌법, 지방자치법, 과학기술에너지법

  2) 민사법 :현대담보법, 혼인친자법, 기업금융법, 기업지배권변동 거래 실무,
    기업구조와 법, 민사집행법, 도산법

  3) 형사법 : 교통형법, 사이버범죄론

  4) 국제거래법

  5) 국제공법 : 국제분쟁처리법, 국제인권법 등

  6) 노동사회법 : 사회보장법

  7) 경제법 : 경제법실무

  8) 세법 : 세법총론

  9) 환경생명법 : 생명윤리와 법, 국제환경법

  10) 문화법/특성화 :지적재산법, 특허법, 상표 디자인과법, 문화종교와 법,
    엔터테인먼트계약법, 정보프라이버시법, 인터넷법, 방송통신법, 스포츠
    법 등

변호사 시험

변호사시험은 변호사에게 필요한 직업윤리와 법률지식 등 법률사무를 수행할 수 있는 능력을 검정하기 위한 시험으로 선택 형및 논술형 필기시험과 별도의 법조윤리시험으로 실시된다. 매년 1회 이상 시험이 실시되며 그 실시 계획은 미리 공고하게 된다.

공법, 민사법, 형사법의 경우 선택형 및 논술형(실무능력 평가 포함) 필기시험으로, 전문적 법률과목의 경우 논술형 필기시험으로실시된다.

① 시험과목

공법(헌법 및 행정법 분야의 과목을 말한다)

민사법(「민법」, 「상법」 및 「민사소송법」 분야의 과목을 말한다)

형사법(「형법」 및 「형사소송법」 분야의 과목을 말한다)

전문적 법률분야에 관한 과목(국제법, 국제거래법, 노동법, 조세법, 지적재산권법, 경제법, 환경법) 중 응시자가 선택하는 1개 과목

② 합격자결정방법

시험의 합격은 선택형 필기시험과 논술형 필기시험의 점수를일정한 비율로 환산하여 합산한 총득점으로 결정한다. 다만, 각 과목 중 어느 하나라도 합격최저점수 이상을 취득하지 못한 경우에는 불합격으로 한다.

논술형 필기시험 만점을 선택형 필기시험 만점의 300퍼센트로 환산한다.

민사법 과목의 만점은 공법, 형사법 과목 만점의 175퍼센트이고, 선택과목의 만점은 공법, 형사법 과목 만점의 40퍼센트이다. 각 과목별 필기시험의 합격최저점수는 각 과목 만점의 40퍼센트이다.

3　응시자격

「법학전문대학원 설치·운영에 관한 법률」제18조제1항에 따른 법학전문대학원의 석사학위를 취득한 사람 및 3개월 이내에 위 석사학위를 취득할 것으로 예정된 사람은 변호사시험에 응시할 수 있다

4　응시횟수 제한

변호사시험(제8조제1항의 법조윤리 시험은 제외한다)은 「법학전문대학원 설치·운영에 관한 법률」 제18조제1항에 따른 법학전문대학원의 석사학위를 취득한 달의 말일부터 5년 내에 5회만 응시할 수 있다 다만, 제5조 제2항에 따라 시험에 응시한 석사학위 취득 예정자의 경우 그 예정기간 내 시행된 시험일로부터 5년 내에 5회만 응시할 수 있다.

법조윤리시험

■ **도입취지**

법학전문대학원 도입으로 변호사가 대량 배출될 상황을 고려할 때 이해
관계의 충돌 등 직업윤리에 관한 규범의 습득은 변호사로서 반드시 요
구되는 것이므로 법조윤리를 시험으로 평가하도록 결정하여 변호사시
험의 한 부분으로서 법조윤리시험을 도입하게 되었다.

■ **시험방법**

법조윤리시험은 선택형 필기시험으로 매년 1회 이상 실시된다.

법조윤리시험은 합격 여부만을 결정하고, 성적은 변호사시험의 총득점
에 산입하지 않는다.

법조윤리시험 합격에 필요한 점수는 만점의 70퍼센트이다.

■ **응시자격**

법조윤리시험은 법학전문대학원의 석사학위를 취득하기 전이라도 「법
학전문대학원 설치 · 운영에 관한 법률 시행령」 제13조 제1항 제1호의
법조윤리과목을 이수하면 응시할 수 있다.

실습

　　각 법학전문대학원별로 세부적인 차이는 있겠지만 법학전문
대학원 인가 기준이 있어서 어느 정도의 기본적인 틀은 동일하다.
실습의 목적은 이론과 실무를 겸비한 변호사의 양성, 실습을 통한
공익적 사회봉사, 직무적응의 간접경험이다.

전남대학교 법학대학원 실습 예시

1. 실습과정 전담기관

실습과정은 법학전문대학원 내의 학생지도센터가 맡는다.

2. 실습과정 대상 학생 선발 계획

- **참여자격**

  법학전문대학원 6학기 과정 중 2학기까지를 이수한 자로 한다.

- **선발절차**

  학생 선발은 미리 대상자들에게 실습과정 협력기관에 대한 정보를 제공하
  고 실무수습신청서를 학생지도센터에 제출하게 하여, 학생들의 수요와 협
  력기관의 수용 능력 등을 고려하여 학생지도센터에서 지도교수와 실무수습
  기관을 배정한다.

3. 실습기관 및 실습의 종류

실습은 아래 4개 기관에서 실시하고 실습기관(아래 라.는 제외)과는 반드시 협
약을 체결하여야 한다.

- **변호사 사무실** : 변호사 업무와 관련된 실무수습을 행한다.
- **공익인권 유관기관** : 공익인권특성화 관련된 실무수습을 행한다.
- **전문분야 유관기관** : 기업거래, 금융거래, 국제거래 등 전문 분야와 관련된
  실무수습을 행한다.
- **법학전문대학원내 법률상담소** : 지도교수 지도아래 법률 전반에 걸쳐 직접
  법률상담을 행한다.

4. 실습시간
- 실습시간은 총 60시간으로 한다.
- 실습일정은 학기제와 계절학기제(방학 중) 2종류로 하고 그 중 하나를 실습생이 선택할 수 있다.
- 학기제의 경우 주당 4시간씩 15주 동안 총 60시간으로, 계절학기제의 경우 12시간씩 5주 동안 총 60시간으로 한다.

5. 실습일정
- 실습 시기 : 학기 중 또는 방학 중(선택)
- 변호사 사무실 36시간 (9주 × 4시간) 36시간 (3주 × 12시간)
- 공익인권 유관 기관 12시간 (3주 × 4시간) 12시간 (1주 × 12시간)
- 전문분야 유관 기관 12시간 (3주 × 4시간) 12시간 (1주 × 12시간)
- 교내 법률상담소 제한 없음

※ 총시간 60시간

6. 실습과정의 평가
- 실습생의 평가는 합격(Pass) 및 불합격(Fail)으로 한다.
- 지도교수는 아래의 자료를 토대로 최종 평가를 하여 70점 이상인 자를 합격으로 한다.
  - 실습일지 : 20%
  - 실습기관평가서 : 20%
  - 과제물 : 60%

2 외국의 법조인 양성 과정

미국

미국은 영국의 제도를 모태로 하나, 독특한 방식의 법학교육 제도를 창안했다. 미국의 로스쿨은 대학원 과정으로 4년제 대학이나 단과대학에서 학사학위를 받은 사람, 또는 3년 이상 전문실습 과정을 마친 사람들에게 입학자격이 주어지며 입학기준은 1. 로스쿨 입학시험성적, 2. 대학성적, 3. 면접 등에 의해 결정된다.

미국의 법조인은 로스쿨 졸업자를 대상으로 각 주별로 주의 대법원 또는 변호사협회의 관리 하에 실시하는 변호사시험과 법조윤리시험을 통해 선발된다. 합격률은 80%로 상당히 높은 편이다. 변호사시험은 대체로 연2회 실시되며 주로 2일에 걸쳐 치르게 된

다. 첫날은 연방법 중심으로 계약법, 형법, 증거법, 재산법, 불법행
위법, 헌법의 6과목 200문항이 출제되고, 둘째 날은 논술식 시험
으로 과목은 각 주별로 다르나, 대체로 6과목 외에 사회법, 민사소
송법, 가족법, 유언상속법, 신탁법, 세법 등의 사례문제가 출제되며
이 시험에서는 각 주법에 관한 문제를 출제하고 있다.

　　변호사 시험 응시회수는 2~5회로 제한하고 있으며, 변호사시
험과는 별도로 법조윤리시험제도가 있어 객관식으로 출제되며 주
로 미연방변호사협회 모범윤리장전에 관한 문제를 출제하고 있다.

일본

　　일본은 법조인 양성을 위해 법학전문대학원을 운영하고 있

다. 정원은 제한이 없으며 학부 비법학 전공자를 30% 이상 대학원에서 선발하는 것을 원칙으로 하고 있다. 적성시험은 미국의 시험을 모델로 하여 판단력, 사고력, 분석력, 표현력 등의 자질을 시험한다. 적성시험 성적 외에 각 대학원에서 필요에 따라 소논문이나 면접에 의한 시험을 치르게 된다. 비전공자는 3년 과정을 이수해야 하지만 법학이수자를 위한 2년 코스도 마련되어 있다.

일본은 2006년부터 신사법시험을 시행하고 있다. 법과대학원 수료자와 예비시험 합격자로 한다. 법과대학원의 수료자가 70~80% 합격할 수 있도록 운영방침을 세우고 있다. 사법시험은 단답식 및 논문식에 의한 필기시험으로 실시되며 두 가지의 시험은 같은 시기에 실시하고 수험자 전원이 두가지 시험을 보지만 단답식시험에 성적을 얻지 못하면 불합격으로 처리된다.

프랑스

　프랑스의 전국 70여개 대학 중 41개의 대학에 법학과가 있다. 별도의 입학시험없이 고등학교 졸업 후 국가시험에 합격하면 대학 입학자격인 바칼로레아가 주어지고 전국 어느 대학이든 진학이 가능해진다. 법학과에 입학하는 학생은 2만여명이나 졸업은 4500여명 정도로 입학생의 1/5정도만 졸업한다. 엄격한 학사관리 체계로 매학년마다 불합격 과목이 발생하면 진급이 되지 않고 2년 연속 낙제하면 퇴학을 당하게 된다.

　프랑스는 법조체계가 사법법원의 사법관과 일반 변호사, 행정법원이 분리된 형태로 조직되어 있어서 양성과정이 모두 다르다. 사법관은 국립사법관학교에서 양성된다. 입학자격은 대학졸업자와 일정한 요건을 갖춘 공무원이며 이들을 대상으로 입학시험을 치르고 31개월의 실무연수과정을 마치면 전원이 사법관으로 임명된다. 무시험 입학자도 예외로 허용하고 있다.

　변호사 양성과정은 각 변호사협회에 설치된 전국 변호사연수원에 입학하여 1년간 이론과 실무교육을 받고 연수를 마치면 변호사 적격증명서 취득시험을 치르게 된다. 증명서를 취득하면 변호사 시보로 등록되며 2년간 변호사연수원의 감독 아래 실무연수를 다시 받고 연수 후, 변호사 자격이 생기게 된다.

　행정법원의 판사는 고급 행정 공무원 양성 기관인 국립행정관학교에서 교육된다.

독일

독일의 법학대학 입학조건은 13년간의 초등교육을 마치고 인문계 졸업시험인 아비튜오에 합격하는 것이다. 법학대학 교육과정은 예과와 본과로 나누어지며 2년간 예과과정에서 민법, 형법, 공법의 각 분야에서 논술시험과 논문 작성 과정을 거치게 된다. 본과 과정을 이수하기 위해서는 제 1차 사법시험에 합격해야 하며 2년 6개월 동안의 사법연수교육을 거쳐 제 2차 사법시험에 응시하고 합격한 자는 완전한 법률가의 자격을 얻게 된다.

법조인 선발제도는 법학교육과 법원, 경찰, 변호사 협회 등 각 법조 실무기관에서의 실무수습과 각 주 법무부 사법시험국에서 제 1차 국가시험을 실시하고, 응시횟수는 2회로 제한한다. 예과 과정 졸업시험은 법학교육과정에서 법학도로서의 자질이나 능력을 학생 자신이 다시금 고려해 볼 수 있는 기회를 부여하고, 법학과정을 끝까지 성공리에 이수하기 어렵다고 판단되는 학생을 강제적으로 다른 학문의 길을 걷도록 하는데 목적이 있다.

실무 교육기간 역시 학과과정 속에서 학문과 실무의 접합을 이루려는 의도에서 채택하고 잇으며 학생 스스로가 직접 변호사나 법원, 검찰, 행정부서를 찾아 교육과정을 이수하고 수료증을 발급 받도록 하고 있다.

2차 사법시험은 필기시험과 구술시험을 병행하도록 되어 있으며 일반적으로 연수과정 중에 단계적으로 치르게 된다.